대통령의 탄생

대통령의 탄생

초판 1쇄 인쇄 · 2025년 4월 30일
초판 1쇄 발행 · 2025년 5월 13일

지은이 · 장의관
펴낸이 · 천정한
펴낸곳 · 도서출판 정한책방

출판등록 · 2019년 4월 10일 제446-251002019000036호
주소 · 충북 괴산군 청천면 청천10길 4
전화 · 070-7724-4005
팩스 · 02-6971-8784
블로그 · http://blog.naver.com/junghanbooks
이메일 · junghanbooks@naver.com

ISBN 979-11-991627-2-3 (03340)

대통령의 탄생

우리가 몰랐던 민주적 대통령제 바로 알기

장의관 지음

나는 헌법을 준수하고 국
가를 보위하며 조국의 평
화적 통일과 국민의 자유
와 복리의 증진 및 민족
문화의 창달에 노력하여
대통령으로서의 직책을
성실히 수행할 것을 국민
앞에 엄숙히 선서합니다.

청화책방

국민은 일류인데 정치인은 삼류인 것이 우리나라의 고질적 문제점이라고 말하는 이들이 있다. 국민은 어질고 착한데, 사리사욕과 권모술수만 가득한 저질의 정치인들이 나라를 망치고 있다는 것이다. 대통령 탄핵과 같은 정치 혼란과 불확실성의 시대에서 이러한 주장은 더욱 만연한다. 우리 사회에 초래된 정치 혼란의 주된 책임이 정치인에게 있음은 논란의 여지가 없다. 그렇다면 이러한 정치적 혼란에 국민은 진정 무관한 것일까? 여러분은 국민은 일류인데 정치인이 삼류라는 주장을 수용하는가?

정치인을 모두 싸잡아 비하하고 때로는 희화화하는 것이 우리나라만의 독특한 현상은 아니다. 많은 사회가 정치적 혼란의 시기에 정치인에게 비난의 화살을 돌린다. 국민의 세금으로 녹을 받는 정치인들을 납세자들이 질책하는 것은 일면 당연할 수 있다. 강압적인 독재 사회에서는 공공연한 질책 행위가 높은 처벌의 비용을 수반하지만, 민주화된 사회에서 그러한 비용의 위험은 최소화된다. 그래서 정치인에 대한 비난에 저항감이 없는 사회 풍토는 그 사회의 민주화 수준을 입증하는 징표로 인식되기도 한다.

그렇다면 정치인을 탓하는 정치 풍토에서 사람들이 얻는 것은 무엇일까? 사회 문제에 대한 책임을 정치인에게 전가하면 책임에서 벗어난 국민들은 마음의 안위를 얻는 데 유리한 것일까? 아니면 잘못된 후보를 선택한 자신의 책임을 희석시키며 심적 자존심을 지키는 데 도움을 주는 것일까? 혹은 자신과 다른 가치나 이념을 가진 반대편 정치 파당을 문제의 원흉으로 비난하며 자기 소신을 합리화하기에 편리한 정치 풍토를 조성해주기 때문일까?

과거 험난했던 우리의 민주화 과정에서 그 성공의 동력이 많은 국민들의 민주화에 대한 열정과 헌신이었음에는 의문의 여지가 없다. 한국의 민주주의가 알려지지 않은 수많은 이들의 투쟁과 희생 속에서 성장했다는 사실은 우리 국민의 의지와 역량에 대한 자긍심을 갖도록 만든다. 독재의 위정자들과 이에 아부하며 편승하는 수많은 정치인에게 저항하며 우리의 민주주의를 진전시킨 국민의 기여가 결코 평가절하될 수는 없으며, 그래서 우리 국민은 일류라는 말로 자긍심을 표출할 수 있다.

그럼에도 불구하고, 국민은 일류인데 정치인이 삼류 수준에 머문다는 주장은 합리성을 수반하기 힘들다. 국민이 일류인데 어떻게 삼류 정치인이 활개칠 수 있을까? 우리나라의 정치인 중에 삼류라는 등급을 주기에도 아까운 사람들이 일부 존재했던 것은 사실이다. 그런데 이들 무도덕하고, 무책임하고, 자질을 결여한 정치인을 선택한 이는 누구였을까? 단순한 한 번의 실수가 아니라, 지속적으로 이들 삼류 정치인을 선택하는 우를 범하는 이들은 누구일까? 삼류 정치인을 선택하는 이는 유권자이자 국민이다. 이들의 반복된 실수를 목격하면서 우리는 이들을 과연 순진무구한 일류 국민으로 지칭할 수 있을까?

제2차 세계대전 후 독립한 많은 신생국들이 경험했던 것처럼, 우리도 건국 이후 민주주의를 수용했지만 그 제도와 관행이 안정적으로 정착되기까지 많은 시련을 겪어야 했다. 기나긴 독재정치의 경험은 우리 민주주의 발전사에 수많은 아픈 기억을 남겼다. 하지만 민주주의의 가치를 소중히 여긴 많은 이들의 희생과 노력에 힘입어 우리 사회는 꾸준한 민주화의 발전 과정을 밟아왔다. 1990년대 이후 민주화의 결실이 맺기 시작하였고, 그와 더불어 깨어 있는 시민층 또한 두터워져 왔음에는 의문의 여지가 없다.

　그럼에도 불구하고 우리 사회의 모든 국민이 민주 시민의 충분한 자질을 갖추었다고 평가하기에는 아직 이르다. 우리 정치 무대에서 자질을 결여한 일부 삼류 정치인들이 활개치고 있다면, 이는 우리 국민의 일부도 똑같이 삼류에서 벗어나지 못하고 이들을 선택하기 때문이다. 삼류의 정치인이 존재한다면, 그곳에는 반드시 그들을 지지하고 선택하는 삼류의 국민이 존재한다. 일류 국민만 존재하는 곳에서는 삼류 정치인이 생존할 수 없다.

　많은 이가 인정하고 싶지 않은 사실일 수 있지만, 그 나라 정치인의 수준은 정확히 그 나라 국민의 수준을 반영한다. 우리 정치가 삼류에 머물고 있다면 그것에 대한 우선적 책임이 정치인에게 있다는 점에는 의문의 여지가 없다. 하지만 우리 사회가 지향하는 보편적 가치와 정의의 원칙을 망각하고, 편파적 파당성이나 이해관계에 근거하여 이들 삼류 정치인을 선택하고 이들에게 맹목적인 지지를 보내는 일부 국민들 또한 그 책임을 면하기 어렵다.

　모든 국민이 진정으로 현명한 민주시민이라면 그보다 질이 낮은 정치인들이 생존하고 활개치기는 어렵다. 행여 일시적으로 일부 정치인이 국민을 현혹시키며 선거에서 승리할지는 몰라도, 현명한 일류 국민에게 이러한 현혹이 오래 작용할 수 없다. 반대로, 국민 대다수가 삼류인 국가에서 일류 정치인의 부상을 기대하는 것 또한 무망하다. 민주적 정치체제를 유지하는 국가에서 국민은 자신의 눈높이에 맞는 정치인을 선호한다. 삼류 국민은 자신의 눈높이에 맞는 삼류 정치인을 선호한다. 미래 사회의 비전을 품은 선의의 정직한 정치인은 불행하게도 선거에서 이들로부터 선택받지 못한다.

국민이 이류라면 국민의 자질보다 낮은 삼류 정치인들은 자연스럽게 도태될 것이다. 문제는 일류 정치인 역시 이류 국민에 의해 선택되기가 쉽지 않다는 점이다. 이류 국민이 대다수의 유권자를 구성하는 민주주의 사회에서 정치적 생존력이 가장 높은 이는 동급의 정치인이 될 것이다. 이류 국민에게 선택받을 확률을 가장 높이고자 희망하는 정치인은 유권자의 눈높이에 맞추어 그 자신이 이류가 되어야 한다.

우리는 21세기의 대한민국이 타 국가들의 모범이 되고 타 국가들이 부러워할 일류 정치가 실현되기를 희망한다. 그리고 정치인들에게 일류가 되라고 요구한다. 하지만 일류 정치인들이 이 나라를 이끌기를 진정 우리가 희망한다면, 우리 스스로가 일류 국민이 되어야 한다. 국민의 일부라도 이류나 삼류로 남는다면 이들에게 기생하는 이류나 삼류 정치인은 끊임없이 생명을 존속시킬 것이다.

민주주의의
난제

민주주의는 소수의 지각 있는 국민에 의해 이끌려지는 제도가 아니다. 정치적 지성을 갖춘 소수의 국민으로도 민주주의를 실현할 수 있다면 우리의 고민은 줄어들 것이다. 불행하게도 다수의 참여를 정치적 전제로 하는 민주주의는 그 같은 해법을 허용하지 않는다. 민주주의의 수준은 다수 국민의 자질에 의해 결정되며, 이들 다수 국민의 자질을 제고하는 것은 민주주의의 가장 핵심적 과제를 구성한다. 고대 이래 민주주의에 대한 본원적 질문은 항상 다수 국민의 충분한 자질 확보가 가능한가에 집중되어 왔다.

많은 신생 독립국이 민주주의를 채택하지만 성공적인 안착을 이룬 국가는 지극히 소수이다. 민주주의의 안착이 쉽지 않고, 민주주의의 발전 속도가 더딜 수밖에 없는 주된 이유는 다수의 국민을 한꺼번에 일류 국민으로 부상시키는 것이 현실적으로 쉬운 과제가 아니라는 사실에 기인한다. 정치의 선진화는 민주주의의 가치를 소중하게 인지하고 이를 실천하는 국민의 시민적 자질 상승의 과정과 같이한다.

민주주의 발전의 난제 중 하나는 모든 국민이 동일하게 자질 상승을 이루지 않는다는 점이다. 국민의 전반적 자질이 상승하는 과정 속에서도 무지, 편협한 이해관계, 혹은 파당성 등으로 인해 민주주의 사회의 가장 중심적 목표와 가치를 무시하거나 외면하는 국민은 존재하기 마련이다. 이들의 시민 의식이 개선되면서 수적인 축소가 나타나지 않는 한 민주주의는 항상 혼란의 위협에 노정된다.

우리는 흔히 공적 이익에는 무지하고 무관심하며 사적 이해관계에만 집착하는 영악한 정치인들과 이들의 국민에 대한 배반을 이야기한다. 하지만 무지와 배반의 정치는 정치인에게만 적용되는 정치 현상은 아니다. 이는 유권자인 국민에게도 적용되는 현상이다. 민주주의의 가치와 제도에 무지하고 자신의 이해관계와 파당성에 따라 이들 가치와 제도를 배반하는 국민은 민주주의를 위태롭게 한다. 이들은 정치인이 민주주의를 배반할 때도 못 본 듯 외면하며 편의적으로 그들을 지지한다. 자신의 편이라는 이유로 반민주적인 정치인의 행태에 편승하며 이들을 꾸짖기보다는 옹호하는 데 주저함을 보이지 않는다. 이들은 민주주의의 가치와 제도가 허물어지는 상황에서도 자기편이라고 믿는 정치인을 감싸는 데 급급해한다.

무지한 국민은 책임감 없는 정치인을 생산한다. 무지한 국민 스스로가 민주주의를 배반하는데 그 표를 먹고 자신의 자리를 유지하는 정치인이 왜 민주주의를 배반하지 않겠는가? 무지와 배반의 정치 주체는 정치인만큼이나 바로 국민 자신이다.

무지와 배반의 정치

정치적 무지란 정치적 지혜의 결여 상태를 의미한다. 무엇이 정치적 무지인가? 민주주의 사회에서 사람들은 다양한 정치적 의견을 소유한다. 사람들은 이러한 다양성 속에서도 서로 공유할 수 있는 핵심적 가치들을 설정하고 이들 가치의 수호를 위해 공동의 노력을 진행한다. 정치적 지혜란 이들 가치와 이의 실현을 위해 우리 사회가 설정한 정치 제도와 절차에 대한 균형감 있는 이해를 말한다. 즉,

정치적 지혜란 우리 사회의 핵심적 가치와 이를 구현하기 위한 정치 시스템에 대한 올바른 이해를 토대로 전반적 정치 현황을 객관적으로 판단할 수 있는 지적 역량을 의미한다.

술자리 등 편한 모임에서 정치 이슈가 단골 메뉴로 등장하는 이유는 많은 이들이 정치와 관련하여 나름의 지식을 자신이 보유한다고 믿기 때문이다. 특히 사회적 연륜이 길어지면 그만큼 한국의 정치를 오랜기간 경험했다는 이유에서 연장자들의 정치적 지식에 관한 확신은 더욱 커져간다. 그리고 이러한 확신을 토대로 강하게 자기 주장을 펼치기도 한다. 정치적 지식에 대한 자신감에서 표출되는 견해들은 통상 격렬하게 충돌하며 작은 타협조차도 거부한다. 술자리의 정치 논쟁이 종종 격렬한 말싸움으로 번지는 이유이다.

하지만 우리가 정치적 지식이라고 여기는 많은 것들은 정작 파편적 정보의 수준에 머물 때가 많다. 이들 파편적 정보는 확인된 것이라기보다는 언론이나 SNS 혹은 주변 사람들로부터 전달되는 것으로, 사실성이나 객관성이 미흡한 경우가 빈번하다. 과거 어떤 정치인이 어느 지역 사람이고, 누구와 친했고, 어떤 성향과 계파의 사람이고 등의 파편적 정보들은 정치적 지혜의 핵심 요소를 구성하지 못한다. 설령 이들 정보가 정확하다고 해도 이것들은 우리가 말하는 정치적 지혜 구성의 기초 자료로 역할을 할 뿐 지혜의 본질이 되지는 못한다. 정치적 지혜는 객관성을 확보한 정보와 합리적인 논리 체계 위에서 형성된 정치적 견해를 토대로 한다.

　문제는 민주주의 사회의 시민으로서 충분한 정치적 지식을 보유하는 것이 생각만큼 쉬운 일이 아니라는 사실이다. 흔히들 정치적 지식이란 누구나 쉽게 터득할 수 있는 상식의 수준을 넘지 않는 영역의 지식이라고 생각한다. 만약 그것이 사실이라면 인류의 학문 역사에서 가장 오랜 분야 중 하나인 정치학이 지금까지 생존하기는 힘들었을 것이다. 중고교 사회 교과서에 나오는 제한된 지식들로 정치의 핵심 주제인 민주주의 운영을 위한 다양한 제도들과 관행에 대해 충분한 이해를 갖추기는 어렵다. 삶의 연륜과 경험이 과거 한국 정치의 궤적에 대한 파편적 정보는 제공할지 몰라도, 도리어 이들 경험들은 개인의 정치 시각을 편협하게 만들고 편견을 유발하는 결과를 초래하기도 한다. 한 인간의 경험으로 얻어질 수 있는 지혜의 영역은 생각만큼 넓지 않기 때문이다. 우리 국민 중에는 분명 뛰어난 정치적 지식을 지닌 지각 있는 이들이 존재한다. 반면에 우리의 정치 제도 및 과정 등과 관련한 정확한 지식

없이 때로는 선입견으로, 때로는 부정확한 정보로, 때로는 왜곡된 이념적 정향성에 근거한 자신의 정치 견해를 노정하는 이들 또한 여전히 다수다.

민주주의 사회에서 사람들 간의 정치적 논의가 합리성을 보존하려면 논의에 참여하는 이들이 일정 수준의 정치적 지식을 보유해야 한다. 무지의 상태에서 논의하는 정치는 합리성을 수반하기 힘들다. 이 경우 논의는 통상 주관적이고도 감정적인 주장들의 의미 없는 난립으로 이어진다. 물론 민주주의 사회에서는 서로 다른 의견들이 다양하게 개진될 수 있고, 이러한 주장들은 상호 존중되어야 한다. 심의민주주의deliberative democracy의 기본 취지는 상이한 의견들 사이의 합리적 논의 과정 속에서 시민적 지성이 제고된다는 것이다. 이것이 하버마스Jürgen Habermas 등의 정치학자들이 민주주의의 핵심 요건으로 '소통communication'을 강조하는 이유이다.[1]

하지만, 특정 종교적 신념에 근거하여 21세기인 현재에도 천동설을 옹호하는 이가 있다면 이는 상호존중을 필요로 하는 "다른" 주장으로 수용되기 힘들다. "다른"과 "틀린"을 구분하는 기준은 때로는 매우 임의적일 수 있다. 기존의 사고와 관행을 벗어나는 모든 것을 "다른"이 아닌 "틀린"으로 규정하는 억압적 사회는 인류 역사에서 수도 없이 많이 발견된다. 그렇다고 해서 천동설과 같이 명백히 "틀린" 주장이 "다른" 주장으로 인정되기는 힘들다. 무지의 정치에서 종종 야기되는 사회 현상 중 하나는 명백히 "틀린" 주장을 하나의 "다른" 주장이라고 우기며 상대의 존중을 요구하는 것이다.

　무지의 정치는 민주적 소통의 원칙을 마비시키며 우리 사회가 민주주의를 통해 이루고자 하는 본원적 목표와 가치에 대한 사람들의 혼란을 초래한다. 그리고 이러한 무지는 민주주의에 대한 배반으로 이어진다. 듣기 거북한 지적일 수 있겠지만, 우리 사회에는 아직 민주주의의 소중한 가치와 더불어 민주주의가 운용되는 제도 및 과정에 대한 적절한 이해를 결여하는 정치인과 국민들이 존재한다. 민주주의의 가치와 작동 원리에 무지한 이는 민주주의에 역행하는 태도와 행동을 취하면서도 이를 부끄러워할 줄 모른다. 이들은 수치심이 결여된 민주주의에 대한 배반의 정치를 서슴없이 자행한다.

대통령제
바로 알기

서구 민주주의 국가들이 채택한 정치권력 구조는 학자들에 따라서 다양하게 분류되지만, 크게 나누면 의원내각제 parliamentary system와 대통령제presidential system로 구분된다. 물론 프랑스처럼 의원내각제와 대통령제 양자를 혼합한 형태의 권력 구도 틀을 취하는 국가들도 일부 존재한다. 우리나라의 경우 의원내각제 국가들이 보유한 일부 특성을 도입하고도 있지만, 전반적으로 대통령제의 권력 구조를 취한다.

대통령제란 어떻게 정의 내릴 수 있을까? 혹자는 대통령이 존재하는 국가를 대통령제 국가라고 생각했을 수 있다. 하지만 이는 맞는 말이 아니다. 독일이나 이탈리아 등 다수의 의원내각제 국가에서도 대통령은 존재한다. 하지만 이들 국가의 대통령은 행정부의 수반이 아니라 국가를 상징적으로 대표하는 역할에 머물며 실질 정치권력 구조에서는 멀리 떨어져 있다. 이들 의원내각제 국가에서 정치권력의 수반을 점하는 지위는 수상 혹은 총리다(향후 논의에서는 수상이라는 용어로 통일한다). 따라서 대통령이 존재한다고 모두 대통령제 국가가 되는 것은 아니다.

　그렇다면 우리가 특정 정치권력 구조를 대통령제라고 칭할 때 그 핵심적인 특성은 무엇일까? 대통령제 국가에서 대통령은 행정부의 수반으로서 국가를 대표하는 실질적 권력의 한 축이어야 한다. 대통령은 통상 선거를 통해 국민에 의해 직접 선출된다. 대통령이 국민의 직접적 선택으로 뽑히기 때문에 당선된 대통령은 국민 대표성을 확보한다. 문제는 대통령제 국가의 경우 국민으로부터 직접 선출되는 것은 대통령 뿐만 아니라는 점이다. 입법부의 의원들도 선거를 통해 국민으로부터 직접 선출되며, 따라서 의회 또한 국민 대표성을 보유한다.

　의원내각제에서는 행정부의 수반이라고 할 수 있는 수상을 국민이 선거로 직접 선출하지 않는다. 수상의 지위는 일반적으로 입법부의 의원을 뽑는 국민투표에서 다수당을 차지한 정당의 대표가 점한다. 수상의 국민 대표성은 대통령만큼 강력하지 않다. 왜냐하면 수상은 대통령처럼 국민으로부터 직접 선택된 것이 아니라 의원 선거를 통한 제1정당의 대표 혹은 연정을 구성하는 정당들 간의 합의로 취임하기 때문이다.

　의원내각제에서는 의원들만이 직접 선거로 선출되기 때문에 의회가 유일한 국민 대표성을 지닌다. 따라서 의원내각제는 대통령제처럼 국민 대표성을 서로 주장하는 대통령과 의회 사이의 갈등의 소지는 발생하지 않는다. 직접적인 국민 대표성을 확보하지 못한 수상과 국민 대표성을 지닌 의회와의 심각한 갈등이 야기되는 일은 흔치 않지만, 만약 그같은 경우가 발생할 경우 정치적 주도권은 당연히 후자가 보유한다.

우리는 통상 삼권분립의 한 축으로 사법부를 언급하기도 하지만, 사법부의 수장을 국민투표로 선출하는 민주주의 국가는 존재하지 않는다. 그 점에서 사법부의 국민 대표성은 매우 제한적이다. 삼권분립의 주체 간 갈등이 발생할 경우 대부분은 대통령제 하의 행정부와 입법부 사이에서 나타난다. 국민의 직접 선거로 선출된 대통령과 입법부 양자가 서로 자신들의 국민 대표성이 우선한다고 주장할 때 갈등은 가장 첨예한 형태를 취한다.

행정부와 입법부의 노골적 갈등은 서로가 더 많은 국민 대표성을 지닌다고 주장하는 대통령제 하의 현상이고, 우리는 이러한 상황을 야당이 입법부의 다수를 점하는 여소야대의 상황에서 종종 목격한다. 대통령제하에서 대통령의 선출과 입법부 의원의 선출은 별도의 선거를 통해 이루어진다. 따라서 여소야대의 상황은 대통령제의 특별한 현상이 아니라 일상적인 현상이라고 할 수 있다. 대통령제는 본원적으로 여소야대의 상황에서 여당이 주도하는 행정부와 야당이 주도하는 입법부가 충돌할 수밖에 없는 구도를 갖는다. 이는 행정부와 입법부 사이의 권력분립이라는 측면에서 대통령제가 의원내각제보다 더 명확함을 나타낸다. 그리고 대통령제가 대통령에게 권력을 집중시키는 제도가 아님을 의미한다.

그런데 우리는 왜 대통령이 의회를 넘어서 압도적 정치적 주도권을 행사하는, 이른바 "제왕적 대통령"이 되는 것이 당연하다고 생각할까? 민주주의를 구현하는 우리 헌법이나 대통령제의 기본 구도 모두 제왕적 대통령을 결코 허용하지 않는다. 대통령이 압도적 정치적 주도권을 행사할 수 있다는 생각은 대통령제의 구성 원리와 작동 방식에 대한 사람들의 오해에서 비롯된다. 그리고 이러한 오해는 일부 국민이나 정치인들에게만 한정되지 않는다. 선거를 통해 대통령직에 당선된 이들조차도 자신이 우리 헌법은 결코 허용하지 않는 제왕적 대통령으로 선출되었다고 착각한다는 것이다.

지난 20년 동안 우리 정치사에는 대통령 탄핵 논쟁이 세 차례나 야기되었다. 이처럼 빈번하게 발생하는 대통령 탄핵은 우연한 결과일까? 혹자는 거듭되는 탄핵 사태가 우리의 제왕적 대통령제와 관련을 갖는다고 주장한다. 제왕적 대통령제의 문제를 해소하기 위해 일부 정치권에서는 대통령 4년 중임제나 의원내각제로의 전환을 제안한다. 이 같은 해법들이 과연 의도한 결과를 산출할 수 있을까?

이 책은 한국의 대통령제와 민주주의 체제의 기본 원칙과 작동 방식에 대해 바로 알기를 도모하는 차원에서 집필되었다. 이 책은 먼저 행정부와 입법부 사이의 갈등적 구조를 지속적으로 야기하는 대통령제에 대한 정확한 이해를 돕기 위한 설명을 개진한다. 그리고 이를 토대로 현재 우리의 대통령제를 개혁하기 위한 제도적 방안들에 대한 평가를 진행한다. 아울러 국민 대표성이 결여된 사법부의 지위와 역할을 평가하고 그 개선 방안을 살펴본다. 마지막으로 성숙한 민주주의의 달성을 위해 우리 사회 구성원들이 우선적으로 인지해야 할 민주주의의 기본 개념들을 우리 헌법 제1조 1항의 내용을 중심으로 논의한다.

여러분 다수가 대통령제와 민주주의에 대해 나름의 잘 정리된 생각을 이미 가지고 있다고 생각할 수 있다. 이 책은 여러분의 그 같은 생각에 대해 재고를 요청하는 질문들을 제기할 것이다. 글을 집필하는 과정에서 복잡한 정치 학술적 논의는 최대한 피하고자 의도하였지만, 글 논의의 전개상 불가피하게 이론적 논의가 전개된 부분들이 있다. 일반 독자들이 조금 더 편안하게 접할 수 있는 책이 되기를 희망했지만, 의 도한 대로 이루어졌는지는 의문이다. 다소는 고식적인 학술 논쟁이 글 을 읽는 데 불편함을 야기하더라도 넓은 이해와 아량을 기대한다.

목차

프롤로그   4

1장

제왕적 대통령의 유령

25

2장

제도 개혁의 환상

65

3장

국민 대표성과 사법부 지위

113

4장

민주공화정의 혼선

161

에필로그   210

주   229

대통령의
탄생

제왕적 대통령의 유령

역사는 반복하는가? 미국의 철학자 조지 샌테이애너George Santayana는 "과거를 기억하지 못하는 이들은 과거의 실수를 답습한다"고 적는다.[2] 그러면 불행한 역사를 기억하는 이들은 동일한 역사의 반복을 막을 수 있는가? 이에 대해 어떤 역사학자는 냉소적으로 답한다. "역사를 기억하는 이들은 과오의 역사가 반복되는 것을 그저 지켜볼 뿐이다." 어쩌면 우리 인간은 역사로부터 많은 것을 배우기 힘든 존재인가 보다. 역사를 기억하지 못하는 이들은 무모함을 반복하고, 역사를 기억하는 이들은 이를 지켜볼 뿐 무력하기 때문이다.

잘못된 역사의 반복을 지켜보는 것은 고통스러운 일이다. 그런데 그보다 더 고통스러운 것은 잘못된 역사가 반복되고 있다는 사실조차도 인지하지 못하는 것이다. 우리의 정치사가 그러하다. 우리나라는 지난 20여 년 동안 대통령 탄핵소추 상황을 세 차례나 경험하고 있다. 2004년 노무현 대통령에 대한 탄핵안 발의를 시작으로, 2016년의 박근

혜 대통령 탄핵소추, 그리고 다시 2024년의 윤석열 대통령 탄핵소추로 이어지고 있다. 이들 탄핵을 야기한 구체적 요인들은 많은 차이점을 보이지만, 탄핵의 상황을 이끈 구조적 요인이란 측면에서는 놀라우리만큼 유사한 측면을 내보인다. 이들 탄핵은 기본적으로 대통령이 국정을 주도할 리더십을 상실해 가는 정치 상황에서 발생하였으며, 특히 노무현 대통령과 윤석열 대통령의 경우 대통령제 하의 대통령 권한과 역할에 대한 대통령 자신의 잘못된 이해가 탄핵의 단초를 공통적으로 제공한다.

노무현과 윤석열 대통령의 탄핵을 촉발한 본원적 요인은 여소야대의 상황에서 거대 야당이 끊임없이 대통령의 권한 행사에 발목을 잡고 있다는 두 대통령의 인식이었다. 노무현 대통령의 탄핵소추 사건을 이끈 초기 시발점은 의회 내 다수 의석을 장악한 야당들 때문에 "대통령을 못해 먹겠다"는 대통령의 발언이었다. 그리고 두 달 후에 열릴 제17대 총선에서 자신이 지지하는 열린우리당이 승리하기를 바란다는 노 대통령의 발언은 대통령의 정치적 중립의무 위반이라는 이유로 대통령 탄핵소추를 촉발시켰다. 한편, 윤석열 대통령의 탄핵소추를 유발시킨 것은 대통령의 불법적 계엄 선포였다. 윤 대통령은 계엄 선포의 이유로 "나라 안팎의 주권 침탈 세력과 반국가 세력"으로 자신이 지칭한 야당의 반대 때문에 대통령의 행정권을 적절히 활용할 수 없다는 점을 전면에 내걸었다. 결국 이 두 차례의 대통령 탄핵소추의 공통점은 여소야대의 상황에서 대통령이 헌법과 법률에 규정된 자신의 행정권을 적절히 행사할 수 없다는 대통령 측의 주장이었다. 노무현 대통령은 우파 야당을 탓했고, 윤석열 대통령은 좌파 야당을 비난했지만, 의회 다수석을 장악한 거대 야당이 문제라는 시각에서는 동일하였다.

대통령제와 여소야대

앞선 두 대통령의 주장대로라면 대통령제는 여소야대의 상황에서 제대로 기능할 수 없는 제도라는 말인가? 아니면 대통령제는 여소야대의 상황에서 입법부의 다수를 차지하는 야당보다는 대통령에게 정치적 주도권을 부여해야 하는 제도인가?

행정부 수반인 대통령과 입법부의 국회의원은 국민의 직접 선거에 의해 선출되며, 따라서 양자 모두 국민의 대표성을 지닌다. 대통령과 국회의원을 별도의 선거로 선출하는 대통령제하에서 여소야대의 상황은 언제든지 발생할 수 있다. 만약 우리가 앞선 두 대통령의 주장을 수용한다면, 대통령의 국민 대표성은 국회의 국민 대표성에 우선해야 한다. 대통령제의 기본 원칙이나 우리의 헌법이 이를 규정하고 있는가? 이들 둘 중 어느 것도 대통령의 국민 대표성이 우선된다는 것을 확인시켜주지 않는다. 여기에서 우리는 여소야대의 상황에서 상호 충돌하는 대통령과 의회의 정치적 주도권 다툼이 발생할 때 이를 해소시킬 방안이 무엇인지에 대한 의문을 갖게 된다.

혹자는 대통령의 국민 대표성은 대통령 1인에게 집중된 것인데 반하여, 의회의 대표성은 국회의원 300명에게 분산된 것이기 때문에 대통령의 국민 대표성이 더 앞선다고 주장할 수 있다. 하지만 우리나라 대통령 선거의 결과를 보면 알 수 있듯이, 대다수의 대통령은 대선에서 50% 안팎의 득표율로 당선된다. 나아가서 대통령 지지율이 재임 기간 동안 20~30%대로 하락하는 경우도 종종 발생한다. 반면 국회의원 각 개인은 분산된 국민 대표성을 보유하지만 이들의 집합된 국민 대표성은 훨씬 더 확장적이다. 행정부를 이끄는 대통령의 국민 대표성이 대통령 한 사람에게 수렴된다고 해서 입법부의 다수 의원이 보유한 국민 대표성을 압도한다는 것은 논리적으로 설득력을 결여한다.

특히 대통령이 탄핵 소추되는 상황에 처할 때 탄핵안의 발의에 필요한 의원 정족수는 재적의원의 3분의 2를 상회해야 한다. 간단한 수치상 논리로 보더라도 국회의원 총수의 66.6%를 상회하는 찬성을 확보한 의회의 탄핵안이 20~30%대의 지지율을 가진 대통령보다 국민 대표성이 적다고 주장할 수 있을까? 우리 헌법이 의회의 대통령 탄핵소추를 허용하는 기본 취지 속에는 대통령과 의회 사이에 국정 주도권을 둘러싼 상충이 심화되어 자체적 해결책을 찾지 못할 경우 국회의원 정수 3분의 2 이상이 가지는 국민 대표성이 대통령 1인의 국민 대표성에 우선시한다는 전제가 내재한다. 이 같은 전제가 수용되지 않는다면 국회가 대통령을 탄핵 소추할 근거는 붕괴된다.

 의회 내 다수석을 확보한 정당이 행정부인 내각을 구성하는 의원내각제에서는 이처럼 중복적 국민 대표성의 문제가 나타나기 힘들다. 의원내각제의 경우 국민 대표성은 의회에 집중된다. 따라서 의회 내 다수의 결정에 반하는 내각은 언제든지 의회가 행사하는 내각 불신임의 위협에 직면한다. 하지만 의원내각제의 경우 내각을 구성하는 정당이 단독으로 혹은 연정을 통해서 의회 내에 과반수의 지지 의석을 확보하기 때문에 대통령제의 여소야대에 해당하는 상황은 쉽게 발생하지 않는다. 물론 스웨덴과 같이 의회 제1당이 과반수 의석을 확보하지 못할 경우에도 내각 구성을 허용하는 이른바 소수내각minority government이 예외적으로 만들어지기도 한다. 하지만 이는 의원내각제하에서 매우 예외적인 경우이며, 소수내각을 이끄는 여당이 의회 내 여타 정당의 묵시적 동의를 통해 실질적으로 의회 내 과반수를 확보할 때에만 가능하다. 이 과반수가 허물어질 경우 내각은 바로 불신임을 당할 수 있다. 내각이 불신임을 당하면 여당은 새로운 연정을 구성하거나 아니면 조기선거snap election를 통해 정권교체 여부를 유권자들에게 물어야 한다.

미국의
분점정부

대통령제를 최초로 고안하고 230년이 넘는 기간 동안 이 제도를 실행해 왔던 미국의 경우, 여소야대의 상황에서 운영되는, 이른바 분점정부divided government는 예외적이라기보다는 도리어 보편적 현상이다. 1953년부터 2024년까지 74년의 기간 동안 행정부의 수장인 대통령의 소속 정당이 연방의회 상하원 모두 다수석을 점한 시기는 총 26년으로 전체 기간의 35%밖에 되지 않는다. 자신의 전체 임기 동안 분점정부의 상황을 경험하지 않은 마지막 대통령은 1970년대 말의 민주당 카터 대통령으로, 이는 무려 44년 전의 일이다.

2025년 자신의 두 번째 대통령직을 시작하는 트럼프Donald J. Trump 대통령은 공화당이 연방 상하원의 과반수를 장악한 단점정부unified government의 상황에서 취임하였다. 트럼프 대통령은 8년 전 자신의 첫 대통령 취임 때에도 단점정부로 시작하였고, 이는 오바마Barack Obama 대통령과 바이든Joe Biden 대통령도 마찬가지였다. 하지만 이들 세 대통령 모두 임기가 2년 지나면서 분점정부로 전환하였다. 중간선거에서 여당이 상원이나 하원에서 다수석을 상실했기 때문이다. 트럼프 대통령이 카터Jimmy Carter 대통령의 뒤를 이어 44년 만에 전체임기 동안 단점정부를 유지한 대통령으로 남을 수 있을지는 지켜봐야 할 것이다. 현재 공화당은 하원에서 5석 차이로 민주당에 우위를 점하고 있지만, 이

5석은 1930년대 이래로 양당 간의 최소 의석 차이로 기록되고 있다. 중간선거에서 여당의 의석 축소가 거의 관례처럼 이루어진다는 점을 감안할 때 트럼프 행정부 후반기에 단점정부가 지속될 여지는 그리 높아 보이지 않는다.

대통령제의 가장 대표적인 국가인 미국의 사례에서 보듯이 여소야대는 빈번하게 발생하는 현상이다. 여소야대의 상황이라고 해서 대통령직 수행이 불가능하다고 주장한 미국의 대통령은 존재하지 않는다. 여소야대의 상황을 탓하며 계엄을 선포하는 것은 상상하기도 힘들다. 우리는 단일 국회 제도를 가지고 있지만, 미국의 경우 연방의회가 상하원으로 분리되어 있어서 여당이 이들 양원에서 모두 다수를 점하는 것은 더욱 어려운 일이다.

오바마 대통령의 8년 임기 동안 민주당이 상하원 모두에서 다수석을 점한 것은 단지 2년뿐이었다. 오바마 대통령은 6년 동안 여소야대의 상황하에서 대통령직을 수행해야 했지만, 대통령제의 권력분립 구조를 명확히 이해했고 그 토대 위에서 대통령으로서 자신의 리더십을 발휘했다.

1995년 말 클린턴Bill Clinton 행정부 시절, 여야 간의 격한 대립이 발생하면서 연방 공무원의 월급조차 지불할 수 없는 상황이 초래되어 연방정부가 일시적으로 문을 닫는 상황government shutdown이 초래된 바 있다. 당시 40년 만에 하원의 다수당이 된 공화당은 뉴트 깅그리치Newt

Gingrich의 주도하에 야심 찬 정치적 공세를 퍼부었고, 클린턴 대통령 또한 강경한 태도로 대응하였다. 양자 간의 충돌은 결국 21일간의 연방정부 폐쇄로 이어졌다. 깅그리치의 후퇴로 결판난 이 정치적 주도권 싸움은 분점정부의 대표적 폐해 사례로 종종 회자되지만, 이로 인해 여소야대의 대통령제가 문제라는 주장이 미국에서 설득력을 확보한 적은 없다. 1995년의 여야 대결 구도만큼은 아니더라도 미국 정치에서 행정부와 입법부 사이의 충돌은, 특히 예산안을 둘러싼 충돌은 꽤 빈번하게 발생한다.

물론 여소야대의 상황에서 대통령이 느끼는 좌절감은 한국에서만 표출되는 것은 아니다. 미국 정치에서도 이는 새삼스럽지 않은 현상이다. 프랭클린 루즈벨트Franklin D. Roosevelt의 뒤를 이은 민주당의 해리 트루먼Harry Truman 대통령은 공화당이 주도하는 의회가 자신의 정책안에 대해 계속 반대 입장을 표명하자 "놀기만 하는 의회"Do-Nothing Congress라고 푸념을 쏟아놓았다. 1947년 선거에서 민주당은 상하원 모두에서 다수당의 지위를 빼앗겼고, 이에 따라 트루먼 대통령은 2년 동안 분점정부의 현실에 직면하였다. 민주당은 1933년 이래로 1947년까지 무려 14년 동안 상하원의 다수석을 점하고 있었다. 당시 대통령직을 수행했던 루스벨트는 임기 내내 여대야소의 단점정부를 유지할 수 있었다. 제2차 세계대전이라는 특수한 외부 환경의 도움을 받기는 하였지만, 어찌 되었든 루스벨트는 13년에 걸친 자신의 재임 기간 동안 단점정부를 유지했던 운이 지극히 좋은 대통령이었다.

반면, 트루먼 대통령에게는 그러한 운이 따르지 않았고, 분점정부의 상황에서 그가 느끼는 좌절감은 남달랐다. 정치학자들은 분점정부의 상황에서 트루먼의 리더십이 원활하게 작동하지 않은 것은 그 자신에게도 이유가 있다고 분석한다. 전임 대통령이었던 루스벨트는 1930년대의 세계 대공황으로 파탄 난 미국 경제를 다시 일으켰고, 다른 한편으로 제2차 세계대전을 승리로 이끌며 4연임을 이루어낼 만큼 국민적 인기와 리더십을 가진 인물이었다.

루스벨트의 갑작스런 사망으로 대통령직을 물려받은 트루먼에게 루스벨트의 인기와 리더십을 기대하기는 힘들었다. 루스벨트의 명성과 카리스마를 갖추지 못한 트루먼이 여소야대의 분점정부 상황에서 사사건건 야당의 반대에 부딪칠 때 겪은 좌절을 이해하지 못하는 바는 아니다. 하지만 트루먼의 좌절은 대통령제하의 권력분립 원칙이 이끌어낸 불가피한 결과였다.

대통령제라는
정치권력 구조

그렇다면 국회 의석의 최소 3분의 1 지지를 확보하지 못한 대통령은 탄핵 소추됨이 마땅한 것일까? 이 논의를 진행하기에 앞서 대통령제라는 권력 구조가 어떠한 원칙하에서 만들어졌고 또 어떻게 작동하는지에 대해 먼저 논의해 보자.

앞서 소개했듯이, 정치권력 구조는 크게 의원내각제와 대통령제로 구분된다. 양자의 구조를 혼합한 이원집정부제와 같은 시스템이 존재하기는 하지만 선진 민주주의 국가에서 이 같은 시스템을 운용하는 국가는 프랑스가 유일하다. 대다수의 선진 민주주의 국가들은 의원내각제 혹은 내각책임제라고 불리는 시스템을 채택하고 있다. 반면 미국은 거의 유일하게 건국 이래 두 세기 반 동안 대통령제를 유지해 온 국가이다. 한국이나 대만, 그리고 남미의 일부 국가들이 대통령제를 채택하여 왔지만, 이들이 권력 구조의 안정화를 꾀하면서 민주적인 대통령제 형태를 보인 것은 시간적으로 그리 길지 않다. 이들 국가 중 대다수가 과거 장시간 동안 대통령에게 권력이 집중된 독재체제를 유지하면서 본래의 대통령제 권력 구조의 특성과는 동떨어진 정치 행태를 보인 바 있다.

대통령제의 권력 구조는 모든 권력이 대통령에게 집중되는 형태의 구조가 아니다. 대통령이 존재한다고 해서 대통령제 국가로 명칭되는 것도 아니다. 아시아와 아프리카의 많은 국가들이 대통령제를 도입했다고 하지만, 이들 대다수는 대통령이라는 직위을 보유한 1인에 의한 독재체제를 유지해 왔다. 대통령제의 권력 구조가 정확히 어떤 특성을 지니는지에 대해서는 학자 간 논쟁이 존재할 수 있지만, 기본적으로 지난 두 세기 반에 걸쳐 미국이 운영해 온 정치권력 구조 특성을 대통령제의 권력 구조 특성과 일치시킨다. 왜냐하면 선진 민주주의 국가 중 장시간 대통령제의 권력 구조를 안정적으로 유지한 사례는 미국이 유일하기 때문이다.

의원내각제는 유럽의 다수 국가들이 오랜 기간 운영해 왔다. 그래서 의원내각제의 실제 변형 사례들은 다양하며, 제도나 운영 방식 측면에서도 상당한 파생형들이 존재한다. 반면 대통령제의 논의는 비교적 간결하고 명확하다. 미국이라는 한 국가 사례를 통해 분석이 진행되고 함의가 유추되기 때문이다. 230여 년의 미국 대통령제 변천사 속에서 나타난 일부 제도적 변화들은 대통령제의 다양성 논의에 일조하지만 그 역할은 제한적이다.

신대통령제와
독재

그렇다면 아시아와 아프리카 지역의 유사 대통령제를 수행하는 국가는 대통령제라고 규정하기 힘들까? 일부 정치학자들은 이들 국가가 행정부의 수장인 대통령에 의해 주도되는 권력 구조를 보이지만, 미국의 권력 구조와 같은 전통적 대통령제와 너무 상이하기 때문에 이들을 별도로 신대통령제neo-presidentialism라고 명명한다.

신대통령제는 대통령제가 지향하는 권력분립이 제대로 이루어지지 않은 상태에서 대통령 1인이 권력을 독점하는 독재체제라고 할 수 있다. 이들 대다수 국가는 과거 우리나라 군부 독재정치 시절에도 그러했듯이, 국민의 자유와 권리를 수호하는 권력 분립적이고 민주적인 대통령제의 특성을 헌법에 조문화하고 있다. 하지만 이들 조문 규정은 현실의 독재체제와는 무관한 형태의 의미 없는 문서로 남겨질 뿐이다. 아시아와 아프리카 지역의 신대통령제 국가들의 경우 군, 정보국, 검·경찰 조직 등을 장악한 위정자의 의해 모든 권력이 독점되는 상황에서 정치 탄압과 인권 유린 등이 일상화되고 있다.

남미의 일부 국가들의 경우 근년에 접어들어 민주화를 진전시키면서 대통령제를 운용하고 있다. 하지만 이들 국가의 대통령제가 제도적 안정성을 확보했는지는 더 오랜 시간의 검증을 요구하고 있다. 한국과 대만이 장시간의 독재 이후 대통령제를 안정화시켜 왔다고는 하지만, 한국의 경우 지난 대통령 탄핵 사건에서 보듯이 대통령제의 안정성에 대한 의문은 지속되고 있다. 대만 역시도 아직은 취약한 대통령제의 정치 행태를 보이고 있다.

미국 대통령제의 변천

　　　　　역사적으로 유일하게 입증된 대통령제 국가라고 할 수 있는 미국 대통령제의 특성은 무엇일까? 이를 알기 위해서는 미국의 건국 과정을 이끈 이들의 정치 제도에 대한 견해와 비전을 먼저 살펴볼 필요가 있다. 미국인들은 종교의 박해를 피해 유럽을 떠나 신대륙에 정착하였다. 이후 영국으로부터 독립을 꾀하면서 자신들만의 새로운 정치체제를 구상하였다. 당시 건국의 아버지들founding fathers로 불리는 미국의 정치 엘리트 계층은 상당한 지적 통찰력을 가진 이들이었다. 제임스 매디슨James Madison, 토머스 제퍼슨Thomas Jefferson, 알렉산더 해밀턴Alexander Hamilton, 벤저민 프랭클린Benjamin Franklin 등 신대륙의 엘리트들은 당시 구대륙의 보편적 정치체제인 군주국들과는 다른 모습의 권력 구조 형태를 고안하고자 시도하였다.

　　유럽이 의원내각제 형태의 권력 구조를 태동시킨 것은 1830년에 이르러서였다. 만약 미국 독립이 50년만 늦어졌더라면 미국의 정치 엘리트들은 유럽의 의원내각제를 수용했을 것이라고 일부 정치학자들은 주장한다. 하지만 50년의 시차로 의원내각제는 아직 유럽에서 미정착한 상태였고, 따라서 신대륙의 엘리트들에게 의원내각제는 선택지가 될 수 없었다. 1787년의 필라델피아 제헌회의The Constitutional Convention에서 미국의 정치 엘리트들은 새로운 형태의 권력 구조를 스

제왕적 대통령의 유령

39

스로 찾아내야 했다. 알렉산더 해밀턴을 제외한 대다수 건국의 아버지들은 유럽의 군주제에 대해 심한 거부감을 지니고 있었다. 아이러니한 사실은 그들이 고안한 새로운 제도가 결국은 군주제의 특성과 많이 중첩되었다는 점이다. 비록 선출을 통해 대통령을 뽑기로 하였지만, 대통령의 이미지는 그들이 몹시도 혐오했던 군주의 이미지와 닮아 있었다.

건국 당시의 헌법 입안자들은 대통령제를 태동시켰지만 국민 의지를 수렴하는 대표자이자 주체는 대통령이 아니라 연방의회라는 시각을 견지하였다. 미국 헌법의 첫 조항은 의회 권력의 규정으로 시작한다. 헌법 입안자들은 법을 제정하는 입법부의 권력이 그 어느 권력보다 중요하다고 믿었다. 13개 주의 연방으로 시작하는 국가에서 각 주를 대표하는 목소리가 모인 곳이 연방의회라는 점에서 의회의 최우선 국민 대표성은 당연한 결론이었다. 대통령의 상징적 국가 대표성은 중요하였지만 국민 대표성이 궁극적으로 귀결되는 곳은 연방의회였다.

그러나 7대 대통령인 앤드루 잭슨Andrew Jackson 이후 대통령의 권력은 연방의회의 권력과 본격적으로 경쟁하기 시작하였다. 잭슨 대통령은 특정 지역 내 소수 국민에 의해 선출된 연방의원들보다 전체 국민에 의해 선출된 대통령이 전국적 대표성을 갖는다고 주장하며 의회와 대립하였다. 이 주장에 비판적인 이들은 한 명의 연방의원이 특정 지역만의 대표자일지는 몰라도 전체 의원을 포괄하는 연방의회는 의심할 여지 없이 전체 국민의 가장 확실한 대표자라고 반박하였다.

　대통령과 연방의회의 대표성 논란은 이후에도 꾸준히 지속되었다. 대통령이 자신의 국민 대표성을 주장할 때 약점으로 제기되는 것 중 하나는 각 주별 승자독식 형태의 대통령 선거인단 제도electoral college system이다. 대통령 선거인단 제도하에서는 각 후보가 획득한 유권자의 총수가 아니라 선거인단의 총수에 의해 대통령 당선자가 결정되고, 따라서 총득표수가 적은 후보가 선거인단에서 과반수를 얻어 대통령으로 당선되는 경우들이 발생한다. 총득표수에서 뒤진 대통령이 전체 국민을 대표할 수 있는지를 둘러싼 논란은 대통령 직선 방식의 헌법 개정 요구로 이어져 왔다. 그리고 간접선거 형태로 선출된 대통령이 직접선거로 선출되는 의원들의 합인 의회보다 높은 국민 대표성을 가질 수 없다는 비판의 단초가 되어 왔다.

　미국의 대통령제 변천사는 대통령의 꾸준한 정치적 주도권 확장 과정을 보여준다. 특히 두 차례의 세계대전을 겪으면서 행정부의 수장인 대통령의 권한은 급격히 확대되었다. 제2차 세계대전 기간 동안 미국을 이끈 루스벨트 대통령에 이르러서는 의회를 앞선 대통령의 주도권이 확보되었다는 일부의 평가도 이루어진다. 그럼에도 불구하고 미국의 대통령제는 우리의 제왕적 대통령처럼 대통령이 의회의 권력을 압도하는 것과는 거리가 먼 형태를 보여 왔다. 의회의 국민 대표성은 대통령의 국민 대표성과 여전히 치열하게 경쟁하는 구도를 취하고 있다.

권력
분립

우리가 대통령제를 논할 때 가장 먼저 언급되는 권력 구조의 특성은 권력 분립separation of powers이다. 권력은 한 곳에 집중될 때 쉽게 부패할 수 있고 또한 권력을 소유한 이에 의한 독재정치의 가능성을 높인다. 권력 분립 개념의 태동은 멀리 고대 그리스와 로마 시대로 소급된다. 당시의 권력 분립 개념은 아리스토텔레스Aristotle나 폴리비우스Polybius가 정의하는 '혼합정부'mixed government의 성격을 대변하는 것으로, 근대 이후의 기능적 구분보다는 군주와 귀족과 일반 평민 등 상이한 세력 간의 절충적 권력 배분을 의미하고 있었다.

근대로 접어들면서 존 로크John Locke 등을 포함한 정치 사상가들은 국가 권력을 분립시키는 방안을 꾸준히 논의해 왔다. 존 로크가 권력 분립안을 처음 제시했을 때 그는 입법부와 행정부 사이의 권력 분립을 염두에 두고 있었다.[3] 왕권으로 대변되는 행정부와 시민 계층을 대변하는 입법부로 권력을 분산시키는 안은 군주정의 독점적 권력 행사를 막기 위한 취지에서 비롯되었다. 로크는 인민의 동의만이 법의 유일한 토대이고, 따라서 인민이 선출한 대표자들의 모임인 의회만이 법에 대한 모든 권위를 보유한다고 주장하였다. 또한 의회의 권한은 인민을 대표하지 않는 어느 다른 기관에 이전될 수 없다고 강조하였다.

반세기 후 프랑스의 몽테스퀴에Baron de Montesquieu는 국가 권력을 입법부, 행정부 및 사법부의 세 개 부서로 배분하는 안을 제시하였고, 그 이후 삼권분립은 권력 분립의 대표적 형태로 자리 잡기 시작하였다.[4] 몽테스퀴에의 원래 안은 우리가 현재 수용하는 삼권분립 안과는 다소의 차이가 있었다. 그는 삼권분립의 주체를 법을 제정하는 입법부와 국방과 외치를 담당하는 행정부, 그리고 범죄인의 처벌과 사인 간 갈등의 내치 문제를 담당하는 행정부로 구분하였다. 따라서 현재 우리가 언급하는 사법부의 기능은 내치를 담당하는 행정부에 포함되어 있었다.

　몽테스퀴에는 입법부와 행정부의 권력이 분리되지 않을 경우 개인 자유가 침해될 수 있다고 주장하였고, 행정부 권력의 일부를 구성하는 사법부의 역할 또한 당연히 입법부로부터 분리되어야 한다는 입장을 견지하였다. 법을 제정하는 입법부와 법을 해석하는 사법부의 권력 분립이 이루어지지 않을 경우 폭력과 압제의 가능성은 확대된다고 그는 강조하였다. 하지만 몽테스퀴에의 권력 분립 구상 속에서는 사법부가 여전히 행정부의 부속 기관을 구성하였다. 이는 현재에도 검찰 조직이 독립적 사법부라기보다 행정부에 소속된 기관의 특성을 보인다는 사실과 부분적으로 일치한다. 어찌 되었든 권력 분립 구상에서 사법부의 중요성을 처음 강조한 인물 중 한 명이 몽테스퀴에였고, 그의 주장은 미국 헌법의 제정에 반영되어 사법부가 입법부와 행정부의 뒤를 잇는 국가 기관의 위상을 확보하였다.

권력을 분리시킬 때 어떻게 분리할지의 방안은 실로 다양하다. 그 중 가장 보편적으로 수용되는 방안은 국가가 보유한 법의 기능적 차원에 따른 분리이다. 입법부는 법을 제정하고, 행정부는 법을 시행하며, 사법부는 법을 해석한다는, 이른바 세 개 부서의 기능적 차별화가 권력 분립의 대표적 형태로 자리 잡게 된다. 물론 세 개 부서의 기능이 현실적으로 명확히 구분되는 것은 아니며, 이들의 기능은 중첩적인 특성을 갖는다. 또한 각국은 자신이 직면한 시대적 및 사회적 상황에 따라 독자적 권력 분립 형태를 모색하기도 한다.

미국이 건국 초기 양원제를 채택한 배경 중에는 당시 압도적인 입법부의 권력을 제한하기 위해 입법부를 두 개로 분할시켜야 한다는 헌법 입안자들의 생각이 투영되었다. 매디슨은 『연방주의자 논고the Federalist Papers』 51번에서 입법부의 막대한 권력을 분산시키면서 분리된 조직들이 일체감보다는 상호 경쟁적 구도를 갖는 제도의 설립을 주장하였다.[5]

법을 만드는 주 기능은 입법부가 수행한다고 하지만, 현대 국가에서 실질적인 법의 발의는 대부분 행정부에 의해 이루어진다. 입법부에서 제정하는 법의 90% 이상이 기실은 행정부로부터 발의된다. 의원내각제의 경우 행정 부서의 장관이 의원을 겸직하는 경우가 대부분이기 때문에 법안이 의원 이름으로 제출되지만 법안의 실제 입안은 행정 부서에 의해 이루어지는 경우가 많다. 장관이 의원직을 겸직하지 않을 경우 통상적으로 다른 여당 의원에 의해 법안이 발의된다. 장관의 의원 겸직이 제한되는 대다수 대통령제 국가에서도 비슷한 형태로 여당 의원에 의해 법안 발의가 이루어진다. 이는 입법부가 법을 제정하는 형식상의 주체이기는 하지만, 실질적인 법 제정 주체가 입법부인지에 대한 논란을 자아낸다.

법을 해석하는 기능을 지닌 사법부가 때로는 법을 제정하는 역할을 수행하는 경우도 있다. 입법부가 법을 제정할 때 현실에서 벌어질 수 있는 모든 경우의 수를 구체적으로 법안에 규정하는 것은 불가능하다. 입법부는 법의 취지와 더불어 시행의 주요 기준을 설정하는 선에서 입법을 실행한다. 사법부는 입법부가 만든 법의 취지와 시행의 가이드라인을 위배하지 않는 선에서 법의 해석을 도모한다. 문제는 법의 해석 과정에서 사법부의 자의적 판단의 여지가 상존한다는 점이다. 만약 입법부가 제정한 법을 사법부가 과도하게 유추해석을 할 경우, 사법부는 입법부가 만든 법의 해석이 아니라 사실상 새로운 법의 제정 기능을 수행하는 결과를 초래한다. 국민에 의해 직접 선출되지 않은 사법부가 법을 자의적으로 입법하는 결과가 야기된다면 이는 입법부에 대한 월권 행위를 넘어서 민주주의에 대한 중대한 위협 요인이 될 수 있다.

견제와
균형

　　　　　권력의 독점을 방지하기 위한 기제에는 권력 분립 이외에도 '견제와 균형checks and balances'의 장치가 존재한다. 권력 분립과 견제와 균형은 흔히 유사어처럼 사용되기도 하지만, 이 둘의 내용은 다르다. 견제와 균형은 권력 분립만으로는 절대권력의 행사 방지가 충분치 않다는 시각에서 출발한다. 견제와 균형은 세 개의 부서가 상대방 부서의 업무 수행에 대한 평가와 감사 등을 수행함으로써 상대 부서의 독단적 업무 처리와 권한 남용을 저지하는 것을 지칭한다. 가령, 행정부의 업무 처리 및 권한 행사에 대해 입법부는 국정 감사를 통해 이를 견제한다. 또한 사법부는 위헌 법률심사 및 행정 심판 등을 통해 행정부의 독단적 결정을 저지한다.

　　반대로 행정부는 대통령의 거부권 행사 등을 통해 입법부의 입법 독주를 막고자 시도한다. 사법부 역시 입법부의 법률 제정이 헌법에 저촉되는 것이 아닌지를 판단함으로써 입법부의 입법 기능을 견제한다. 사법부의 권한 남용에 대해 입법부는 판사의 탄핵과 개정법의 제정 등을 통해서, 그리고 행정부는 사면과 판사 추천 및 임명 등을 통해 사법부를 견제한다. 아래 도표는 세 개 부서의 기능적 구분에 따른 권력 분립과 이들이 수행하는 상호 견제 및 균형의 기능을 정리한다.

		행위 주체		
		입법부	행정부	사법부
행위 대상	입법부	- 법의 제정	- 법률 거부권 - 입법 제안 - 행정 입법	- 위헌법률심사
	행정부	- 행정부 감사 - 총리/각료 임명 동의	- 법의 집행	- 행정입법판결

	사법부	- 판사탄핵
		- 법 개정 혹은
		  보충법 제정
			- 사명
			- 대법원/헌재
			  판사 지명
				- 법의 해석

*배경색이 칠해진 항목은 기능적 권력분립, 여타 색상은 견제와 균형을 표시

대통령제하의
견제와 균형

　　　　　견제와 균형의 원칙은 미국식 대통령제하에서 현저한 특성을 구성한다. 국민투표에 의해 선출된 대통령과 의회가 각각의 국민 대표성을 토대로 자신들이 보유한 기능적 권리를 행사하고, 나아가서 도표에 언급되듯이 상호 견제하는 역할을 수행함으로써 권력이 한 곳에 집중되는 것을 방지한다. 대통령제하에서 권력 분산은 당연히 여대야소보다는 여소야대의 상황에서 효율적이다. 여당이 입법부의 다수를 장악하는 단점정부의 경우 대통령이 특별한 범법 행위

를 하지 않는 한 대통령에 대한 입법부의 견제는 현실적으로 한계를 지닌다. 물론 여당 의원들 또한 직접선거로 선출된 국민 대표성의 보유자들이기 때문에 대통령의 리더십에 무조건적으로 추종하지는 않을 것이다.

미국의 경우 대통령이 자당 소속 의원들의 공천권에 크게 영향력을 행사하기 힘들기 때문에 일반적으로 여당 의원들이 다음번 선거를 위해 대통령 눈치를 살피며 충성 경쟁을 시도하지 않는다. 대통령이 자신과 가까운 인사를 상하원 선거에서 특별히 지원하는 경우는 미국에서도 존재한다. 하지만 직·간접적 공천권 영향력이라는 측면에서 볼 때 미국 대통령의 실질적 영향력은 한국의 대통령에 비해 제한적이다.

견제와 균형의 한 축을 구성하는 사법부의 역할에 대해서는 여러 논란이 제기된다. 가장 빈번히 제시되는 지적들만 간략히 언급해 보자. 사법부의 본질적 약점은 사법부가 선거를 통해 국민으로부터 직접 선출되는 것이 아니라 행정부와 입법부에 의해 임명된다는 것이다. 이는 사법부가 직접적 국민 대표성을 결여한다는 것을 의미한다. 국민 대표성을 결여한 사법부가 국민 대표성을 토대로 치열한 정치 주도권 싸움을 전개하는 행정부 및 입법부와 동등한 입장에서 대결하기는 힘들다. 더군다나 미국 헌법은 삼권분립의 위상에 준하는 사법부의 역할 자체를 명시하지 않고 있다. 미국 헌법은 사법부의 직무와 구성에 대한 비교적 간단한 기술을 담을 뿐, 삼권분립의 한 축이 될 수 있는 역할과 기능에 대한 명시를 결여한다. 헌법상의 권한조차 없는 사법부가 행정부와 입법부를 견제하는 것이 가능할까? 우리는 대통령제하의 미국 사법부가 어떻게 성장했으며, 현재는 어떠한 역할을 수행하는지, 그리고 이러한 사법부의 역할이 적절한지를 3장에서 더 상세히 논의할 것이다.

의원내각제하의 견제와 균형

대통령제와 달리 의원내각제는 견제와 균형의 기능이 활성화되기 힘든 구조를 지니고 있다. 의원내각제하에서 내각을 구성하는 정당은 일반적으로 의회 내에서 과반수 의석을 확보하여야 한다. 만약 한 개 정당으로 과반수 의석이 확보되지 않을 경우 타당과의 연정을 통해 이를 충족시켜야 한다. 이 말은 의원내각제하에서 행정부는 여대야소의 단점정부를 자연스럽게 구성함을 의미한다. 그리고 이는 수상이 이끄는 행정부의 결정에 대해 입법부 내 소수인 야당이 견제하기 힘들다는 것을 함의한다.

영국의 의원내각제와 같이 한 개 정당이 타당과의 연정을 도모하지 않고 홀로 내각을 구성하는 상황에서는 행정부와 입법부 사이의 권력 분립은 사실상 성립되기 힘들다. 견제와 균형의 시스템 또한 작동하기 힘들 것임은 두말할 나위가 없다. 영국의 경우 국민 대표성을 지닌 유일한 기구는 의회다. 국민의 직접투표가 아닌 임명 방식으로 구성된 사법부는 국민 대표성을 가지지 못하기 때문에 의회의 입법 행위에 대해 위헌법률심사 등 사법적 심사를 할 수 있는 권한 자체가 인정되지 않는다. 국민 대표성을 유일하게 지닌 의회의 입법 행위는 그 자체로 최종적이다. 행정부를 이끄는 내각과 입법부 내 다수당이 한 몸통이고, 사법부가 이를 견제할 권한이 배제되는 영국의 의원내각제는 권력 분립이나 견제와 균형을 실질적으로 기대하기 어렵다.

　뛰어난 지도력으로 자신의 소속당에 대한 완벽한 장악력을 보유한 영국 수상이 있다면 그는 대통령제하의 미국 대통령보다 더욱 견제받지 않는 독점적 권력을 행사할 수 있다. 물론 영국의 의원내각제는 의원내각제의 다양한 정치 행태 중 하나일 뿐이다. 의원내각제는 다양한 변형된 정치 행태들을 보이며, 이들의 특성은 2장에서 추가적으로 논의한다.

대통령제에 대한 오해

　　　　이쯤에서 대통령제에 대해 많은 이들이 가지고

있는 선입관의 내용적 오류를 정리해 보자. 첫째, 대통령제는 대통령에게 압도적인 권력이나 입법부를 능가하는 정치적 주도권을 부여하는 제도가 아니다. 도리어 의원내각제보다 권력 분립 및 견제와 균형을 더 중요한 핵심 원리로 채택하는 정치 제도다. 이론적 차원에서 볼 때 여소야대의 분점정부 상황은 대통령제의 문제점이 아니라 대통령제의 장점을 구성한다.

둘째, 자신의 국민 대표성을 과신하는 대통령은 의회의 국민 대표성을 무시하는 비민주적 방식으로라도 자신이 국가를 이끌어야 한다는 착각에 빠질 수 있다. 자신이 헌법에 규정된 역할을 수행하는 민주적 대통령으로 남는다면 무능한 대통령이라는 오명을 자신이 짊어져야 한다는 부담을 갖기도 한다. 이 같은 착각과 부담은 제왕적 대통령을 만드는 단초로 기능할 수도 있다. 제왕적 대통령은 다른 누구도 견제할 수 없는 압도적인 권력을 부여받길 원한다. 하지만 우리나라의 헌법 조항으로나 대통령제의 작동 원칙으로나 제왕적 대통령은 우리 사회에서 결코 허용되지 않는 대통령이다. 대통령에게 압도적인 권력을 부여하는 권력 구조는 민주적인 대통령제가 아니라 독재를 수행하는 신대통령제에 귀속된다.

한국의
여대야소 전통

앞서 논의한 바와 같이, 여소야대의 형태에서 행정부에 대한 입법부의 견제 기능은 당연히 활성화한다. 대통령제하에서 여대야소의 단점정부는 행정부와 입법부 사이에 상호 견제와 균형의 기능을 약화시킨다. 우리가 견제와 균형의 본원적 취지를 고려한다면, 대통령제하에서는 여대야소보다 여소야대의 상황이 더 이상적이다. 그런데 우리의 대통령이나 여당은 왜 항상 여소야대의 상황에 대해 불평하고 문제 삼는 것일까?

여소야대는 권력을 독점하고자 하는 정치인이 결코 마주치고 싶지 않을 상황임이 분명하다. 그래서 우리나라에서도 과거 독재정치 시절 국가 권력을 쥔 위정자들은 여대야소를 만들기 위한 갖가지 편법을 동원하였다. 1963년 박정희의 군사 쿠데타로 시작한 제3공화국은 전국구 의석의 2분의 1 이상을 제1당인 여당에게 임의적으로 배분하는 불공평한 선거제도를 도입하였다. 기이한 선거제도를 창안해낸 독창성은 인정하더라도 이러한 제도는 결코 정당화가 될 수 없는 것이었다.

유신독재체제가 시작되는 1973년에는 국회 총 의석의 3분의 1에 해당하는 의석수에 유신정우회(유정회)라는 명칭을 붙이고, 선거가 아니라 통일주체국민회의라는 대통령의 위성 조직이 의원을 선출하는 제도를 도입하였다. 이는 대통령이 소속된 여당에게 국회 총 의석의 3분의 1을 기본으로 배분시키는, 이른바 편법적인 여당 프리미엄 의석 배분을 위한 것이었다.

전두환의 쿠데타로 시작한 제5공화국 시절에는 국회 총 의석의 3분의 1을 비례대표 의석으로 할당한 후, 1당우선 의석비례제라는 해괴한 제도를 도입하여 단점정부를 보장하는 여대야소의 상황을 조성하였다. 1980년대 후반 이후 6월 항쟁 등의 여파로 한국 정치의 민주화는 지속적으로 진행되었지만, 1당우선 의석비례제가 완전히 폐기된 것은 1996년 제15대 총선에 이르러서였다.

이처럼 불공평한 여당 프리미엄 제도가 실행되었음에도 불구하고 1988년의 제13대 총선에서는 여소야대의 상황이 발생하였다. 여당에게 전국구 75석 중 2분의 1을 임의 배분하였지만 당시 여당인 민정당의 의석은 국회 전체 의석의 41.8%를 확보하는 데 그쳤다. 노태우 대통령이 이끌던 여당은 여소야대의 상황을 타개하기 위해 두 개 야당과 합당을 시도하여 거대 여당인 민주자유당을 탄생시켰다. 그러나 거대 여당이던 민주자유당은 다음번 선거인 1992년 제14대 총선에서 예상 밖 고전을 면치 못하였다. 여당 프리미엄 의석이 없었다면 민주자유당은 국회 과반수 의석 확보에 실패하였을 것이다.

1당 의석 프리미엄이 완전히 폐지된 1996년 제15대 총선에서 김영삼 대통령이 이끄는 여당은 국회 의석 과반수 확보에 실패하였다. 하지만 민주자유당은 소수 야당과 무소속 의원을 대거 끌어들임으로써 전체 의석의 50.5%로 간신히 여대야소의 상황을 달성했다.

갖은 편법으로 여대야소를 이루고자 했던 한국의 대통령제가 역사
적 전환점을 기록한 것은 김대중 대통령 때다. 김대중 정부는 임기 내
내 여소야대의 상황에 직면했지만, 이러한 분점정부의 상황을 위기로
받아들이지는 않았다. 김대중 정부 시절의 분점정부는 전통적 대통령
제 국가인 미국처럼 우리나라도 여소야대의 상황에서 안정적인 대통령
제를 유지할 수 있다는 사실을 처음 확인시킨 사례였다.

지속되는
여대야소의 환상

분점정부 상황에서 안정적인 대통령제 운용이
가능하다는 사실이 입증되었음에도, 여소야대가 대통령의 직무 수행에
장애가 된다는 시각은 꾸준히 개진되었다. 노무현 대통령을 탄핵소추
로 이끈 단초 또한 여소야대의 상황에 대한 대통령의 불평이었다. 노무
현 대통령은 그렇지 않아도 여소야대인 정치 상황에서 자신을 당선시
킨 새천년민주당을 탈당하고 자신의 적극적 지지자들을 규합한 열린우
리당의 창당을 지원하였다. 신생 정당인 열린우리당의 의석은 국회 총
의석의 17.3%에 불과하였고, 이는 대통령 탄핵소추를 저지할 수 있는
국회 의석 3분의 1을 현저히 미달하는 수치였다. 국회 의석의 82.3%를

적으로 돌린 대통령이 국회의 탄핵소추를 피할 수 있다는 자신감은 도대체 어디에서 나온 것일까?

노무현 대통령이 탄핵소추를 당할 만한 잘못을 했는지 여부는 사실 핵심적인 사안이 아니다. 입법부와 행정부의 권력 분립을 토대로 작동하는 대통령제하에서 대통령이 자신의 편이 되어줄 3분의 1의 국회 의석도 확보하지 못한 채 탈당을 감행하였다는 것은 실로 어리석은 선택이 아닐 수 없다. 설령 대통령이 숭고한 동기와 선의의 목표를 가지고 행한 탈당 결정이라 할지라도 탈당의 선택은 현실 정치에 대한 안이함이자 대통령제의 특성과 운영 방식에 대한 무지의 소산이다.

우리나라에는 아직도 많은 이들이 대통령제는 대통령에게 권력이 집중된 제도라고 오해한다. 이러한 착각은 제왕적 대통령을 오랜 기간 경험해 온 우리 정치사의 의식적 잔유물이다. 기실은 대통령제가 의원 내각제보다 권력 분립의 원칙을 더욱 강조하고 있음에도 불구하고 말이다. 기나긴 군부독재하에서 제한받지 않은 권력을 마음껏 휘두르던 과거 대통령에 대한 기억들은 민주화된 현재에도 국민 의식 속에 제왕적 대통령이 당연하다는 착각을 만들고 있다.

과거 군부독재 시절에는 비민주적인 여당 프리미엄 의석의 할당 등을 통해 독재자가 입법부 내 자신의 지지 기반을 확실히 하였음을 지적한 바 있다. 뒤이어 나타난 3김 시대의 김영삼 대통령이나 김대중 대통령의 경우 오랜 민주화 투쟁 과정에서 확보한 나름의 정통성과 개인적 카리스마를 가진 인물들이었다. 이들은 여소야대의 상황과 상관없이 제왕적 대통령에 버금가는 대통령의 영향력을 유지하였다. 이러한 역사적 경험 속에서 일부 국민은 대통령에게 권력이 집중된 대통령제에 익숙해졌고, 그래서 현재에도 제왕적 대통령을 당연하게 받아들인다.

문제는 대통령에 당선된 이들조차 대통령제가 어떠한 원칙하에서 구성되고 작동하는지에 대한 기본 지식을 갖고 있지 못하다는 사실이다. 민주화된 대한민국이 선택하는 대통령은 권력 분립하에서 행정부의 수장으로 국정을 이끌며, 혹시 분점정부의 상황이 발생하면 입법부의 다수 야당과 원활한 타협과 협상을 진행하며 민주적으로 정치적 난국을 타개해 나가는 정치 리더십을 지닌 지도자여야 한다. 그런데 일부 대통령은 자신이 가지는 통치 행위의 영역을 자의적으로 확장하며 자신이 입법부의 권력 위에 존재한다고 주장한다. 그리고 어느 누구도 제왕적 대통령인 자신의 권력에 대항할 수 없다고 착각한다. 이들은 우리 헌법이 결코 허용하지 않는 제왕적 대통령의 지위를 자신이 확보했다는 잘못된 생각을 지닌다.

제왕이 되고픈
민주적 대통령

3김 시대 이후 우리 정치에서 특별한 카리스마나 정치적 지도력을 가진 대통령의 존재는 더 이상 기대할 수 없는 상황이 되었다. 헌법적으로나 현실 정치적으로나 제왕적 대통령은 더 이상 수용하기 힘든 시대가 도래하였다. 하지만 과거 제왕적 대통령에 대한 익숙한 우리의 기억은 새로운 민주적 대통령의 지위와 역할에 대한 정립된 사고를 이끌어내는 데 실패하였다. 이러한 시대적 상황에서 첫 번째로 대통령의 지위에 오른 이가 노무현 대통령이었다.

김영삼 대통령이나 김대중 대통령은 정치적 위기 국면 타개를 위해 임기 말에 탈당을 실행하지만 이들은 국회 내에 확고한 자신의 지지 세력을 갖춘 대통령들이었다. 선임 대통령들처럼 개인적 카리스마나 국회 내 지지 의석을 갖추지 못한 노무현 대통령이 탈당을 실행한 것은 지극히 위험한 정치적 선택이었다. 여당의 분당이 야기되면서 소수의 국회 내 지지 세력을 가진 노 대통령에게 선임 대통령들이 보유한 리더십과 카리스마는 언감생심이었다.

국회 내 총 의석의 3분의 1 지지를 확보하지 못한 노무현 대통령은 탄핵소추의 상황을 마주해야 했다. 노 대통령의 오판은 설령 자신이 국회 내 3분의 1 의석을 확보하지 못할지라도 입법부가 대통령의 지위에 도전할 수 없다는 안이한 사고에서 비롯되었다. 그는 자신이 가장 민주적인 대통령이 되기를 원했을지 모르지만, 그의 의식 속에는 과거 오랜 기간 동안 우리 정치를 특징 지운 제왕적 대통령의 유령이 머물고 있었다.

노무현 대통령의 탄핵 사건 이후 우리의 정치사는 두 차례의 추가적인 대통령 탄핵소추를 경험하고 있다. 윤석열 대통령의 탄핵소추는 노무현 대통령의 탄핵소추 이후 정확히 20년 만에 발생한 일이다. 그런데 역사의 교훈이 배워지지 못한 채 노무현 대통령의 실수는 반복되었다. 개인적 카리스마나 정치적 지도력도 없이 국회 내 다수 의석을 확보하지 못한 대통령이 자신은 의회를 초월하는 제왕적 대통령이라는 환상에 다시금 빠진 것이다. 그는 불법적 계엄 사태를 초래함으로써 의회의 탄핵소추를 자초하였다. 선진 민주화를 지향하는 많은 국민의 염원과는 별개로 정작 대통령으로 선출된 이는 오래전에 폐기 처분된 제왕적 대통령의 환상에 묻혀 있다는 것이 우리 정치의 슬픈 현실이다.

탄핵의
정치 지렛대

우리나라 대통령의 대다수는 50% 안팎의 득표율로 당선된다. 이들 대통령은 당선 초기 시점을 제외하고는 대부분 50%

를 상회하지 못한 지지율을 가지고 직무를 수행한다. 인기 없는 대통령의 경우 지지율이 30% 이하까지도 내려가는 일이 발생한다. 국회가 대통령 탄핵을 시도할 때는 국회의원 재적인원의 3분의 2 이상 찬성을 필요로 한다. 200명 이상의 탄핵 정족수를 충족하기 위해 합류한 정당들의 총선 당시 득표율을 산정하면 국민 지지율은 대략 3분의 2 안팎이 될 것이다. 대통령 탄핵 시점에서 상호 충돌하는 국회의 국민 대표성과 대통령의 국민 대표성을 비교한다면 어떠한 수치를 동원하더라도 전자가 우세한 입장을 점할 것이다.

　혹자는 현실 정치적 측면에서 입법부 내 3분의 1의 지지조차도 확보하지 못하는 정치력 부재의 대통령이 직위를 계속 유지한다는 사실 자체가 문제라고 주장할 수 있다. 대다수 의원내각제 국가에서 입법부 내 과반수 의석을 상실하는 수상의 실각은 당연한 결과이다. 직접적인 국민 대표성을 부여받은 대통령의 경우 과반수보다 훨씬 적은 3분의 1의 의원만을 확보해도 탄핵소추의 위험 없이 자신의 직무를 수행할 수 있다. 우리의 대통령제는 대통령이 의회의 3분의 1을 자신의 아군으로 확보하지 못하면 언제든지 탄핵의 위협에 직면할 수 있는 구조적 특성을 갖는다.

미국의
대통령 탄핵

　　　　　　　　미국 헌법 2조 3절은 대통령이 중죄 혹은 경죄 등의 사유로 탄핵될 수 있음을 규정한다. 대통령은 자신의 부적절한 행위가 국가와 사회 전반에 해악을 끼칠 때 탄핵소추 되며, 이때 자신의 선의적 동기나 의도의 여부는 고려 대상이 되지 않는다. 구체적 탄핵 사유로는 독재, 부패, 반역 등이 있으며, 방관과 무능력 등도 포함된다. 1998년 빌 클린턴 대통령의 탄핵소추 사유는 위증과 사법 집행 방해였다. 도널드 트럼프 대통령의 경우 2019년 1차 탄핵소추 사유는 권력 남용과 국회 업무 방해였고, 2021년 2차 탄핵소추의 사유는 폭동 선동이었다. 미국 대통령의 탄핵 사유는 적용 범위가 꾸준히 확대되어 왔다.

　　미국 대통령의 탄핵소추안은 하원 과반수의 찬성으로 발의되고, 탄핵 결정은 상원 3분의 2의 찬성으로 이루어진다. 상원 투표에서 탄핵소추안은 각 소추 조항별로 별도 표결에 부치며, 단 한 건의 조항이라도 상원 정족수 3분의 2를 충족하면 대통령은 탄핵된다. 미국의 230년 대통령 사에서 탄핵소추안이 발의된 것은 총 네 차례로, 1868년의 앤드루 존슨Andrew Johnson 대통령이 첫 번째였다. 존슨 대통령은 당시 상원에서 단 1표 차이로 탄핵을 모면하였다. 양당 정치를 구현하는 미국 정치에서 상원에서 3분의 2의 탄핵 찬성을 확보하는 것은 결코 쉽지 않다. 앞서 언급한 클린턴 대통령과 트럼프 대통령의 탄핵소추안 역시 3분의

2라는 상원 통과의 벽을 넘는 데 실패하였다.

　상·하원의 탄핵 통과 가능성이 높았던 1974년의 리처드 닉슨Richard Nixon 대통령의 경우 공식적으로 탄핵이 이루어진 것은 아니었다. 워터게이트 스캔들로 탄핵 위기에 몰렸던 닉슨 대통령은 하원에서 사법 집행 방해, 권력 남용 및 의회 모독이라는 세 가지 항목으로 탄핵소추의 위기에 몰렸다. 하지만 그는 하원에서 탄핵소추안이 발의되기 바로 전에 자진 사임함으로써 탄핵된 대통령이라는 오명은 간신히 모면할 수 있었다. 따라서 미국의 대통령 탄핵 사례는 공식적으로는 단 한 건도 존재하지 않는다.

　미국의 대통령 탄핵이 우리와 차이를 가지는 점은 추가적 사법 판단을 배제한다는 점이다. 상원의 탄핵 결의 과정은 재판의 형태를 취하며 형식적으로는 대법원장이 주관하도록 되어 있지만, 실제 결정은 상원의 투표 결과에 의존한다. 100명이 정원인 상원에서 34명의 탄핵 반대 의원을 확보하지 못하는 대통령은 탄핵된다. 대통령 탄핵의 결정은 상원의 3분의 2 찬성이며, 우리나라의 헌법재판소 판결과 같이 사법부의 추가적 판단 절차는 허용하지 않는다. 미국 헌법은 대통령과 의회의 국민 대표성이 충돌하는 상황에서 하원 과반수와 상원 3분의 2가 동의할 경우 의회의 국민 대표성이 우선함을 인정하며, 대통령 탄핵에 대한 상·하원의 표결 결과는 그 자체로 최종적이다.

제왕적 대통령과
제도 개혁

정상적인 대통령제는 대통령에게 압도적인 국민 대표성을 주는 제도가 아니고, 탄핵이 불가능한 제왕적 대통령을 취임시키는 제도 또한 아니다. 여소야대의 상황에서 의회의 반대에 직면한다면 대통령은 의회 다수당과의 절충을 꾀하며 정치 리더십을 보여줄 수 있는 존재여야 한다. 대통령제는 여당이 의회의 과반수를 장악하지 못할 경우 대통령이 의회 야당의 지속적 견제에 놓이는 것이 당연한 제도이고, 또한 의회 의석의 3분의 1을 안정적으로 유지하지 못하면 대통령이 언제든지 의회에 의해 탄핵될 수 있는 제도이다. 우리의 대통령제 권력 구조는 강력한 군주나 제왕적 대통령을 허용하지 않고 있으며 대통령이 입법부의 견제와 균형 기능을 수용할 것을 요구하고 있다.

제왕적 대통령의 문제는 사실 제도의 문제가 아니다. 이것은 대통령을 포함한 정치권이나 우리 사회 일부가 가지는 오도된 의식의 문제라고 할 수 있다. 제왕적인 대통령의 권한과 역할 부여는 우리의 대통령제 정치 제도나 헌법이 규정한 바와는 거리가 멀다. 그럼에도 불구하고 제왕적 대통령의 문제를 지적하는 많은 이들은 우리의 현재 5년 대통령 단임제에 그 원인이 있다고 생각한다. 이들은 현 제도의 대안으로 미국과 같은 대통령 4년 중임제나 의원내각제로의 전환을 제안한다. 제도의 전환이 우리 정치의 고질적인 제왕적 대통령의 문제나 빈번하게 발생하는 대통령 탄핵소추 상황에 대한 효율적 해법이 될 수 있을까? 다음 장에서 우리는 이들 대안의 실효성에 대해 검토한다.

대통령의
탄생

2장

제 도 개 혁 의 환 상

미국의 대통령 4년 중임제는 1951년의 수정 헌법 22조를 통해 정착되었다. 신대륙의 대통령제가 유럽의 군주제와 궁극적인 차이를 보인 특징은 군주와는 달리 대통령은 선출되며 임기가 정해진 점이었다. 미국의 건국 헌법은 대통령의 임기를 4년으로 규정했지만 연임 횟수에 대해서는 별도 조항이 없었다. 독립군의 수장으로 미국 독립을 이끌었던 조지 워싱턴George Washington은 제헌 회의에서 만장일치로 추대되어 초대 대통령에 올랐다. 당시에는 주정부의 권한에 비해 연방정부의 권한이 미약했던 시절이었고, 따라서 대통령의 권한은 제한적이었다.

한 차례의 연임으로 8년 동안 대통령직을 수행했던 워싱턴 대통령은 정치 권력에 집착하는 인물이 아니었다. 그는 대통령직을 계속 연임해 달라는 주변의 추대를 뿌리치고 홀연히 자신의 농장이 있는 마운트 버넌Mount Vernon으로 떠났다. 대통령직 수행은 두 차례만 가능하다는 전통은 헌법상의 규정이 아니라 초대 대통령인 워싱턴의 자발적 귀향이 관례로 정착된 것이었다.

이후 모든 대통령이 한 차례의 연임 이후에는 재출마를 시도하지 않았다. 1900년대 초반 두 차례 대통령직을 수행했던 시어도어 루즈벨트Theodore Roosevelt 대통령이 자신의 후임자인 하워드 태프트Howard Taft 대통령의 보수적인 정책에 반기를 들며 4년 뒤 대통령 선거에 출마한 것이 유일한 예외였다. 루스벨트 대통령은 원래 자신의 소속 정당이던 공화당이 아닌 진보당이라는 제3당의 후보로 출마하였다. 그는 태프트 대통령의 지지표를 흡수하면서 제3당 후보로서는 기록적인 득표율과 선거인단 확보에 성공했다. 하지만 공화당의 태프트 후보와 지지표가 갈리면서 2위에 머물러야 했고, 민주당의 우드로우 윌슨Woodrow Wilson 후보의 승리를 지켜봐야 했다.

한 차례 연임으로 제한된 관례는 프랭클린 루스벨트 대통령이 제2차 세계대전의 와중에서 4연임을 하기 전까지 계속 이어졌다. 전쟁이 끝난 후 의회는 수정 헌법을 통과시켜 대통령의 임기 횟수를 공식적으로 제한하였다. 대통령은 연임하든지 아니면 이번 트럼프 대통령의 경우처럼 일정 기간을 지난 후 재임하든지 횟수 상으로 두 차례만 허용된다.

4년 중임제로의 전환이 우리나라의 제왕적 대통령 문제를 어떻게 완화할 것인지의 논거는 명백하지 않다. 다음번 재선을 노리는 대통령이 덜 제왕적인 사고와 권력 행사를 할 것이라는 보장은 없다. 도리어 재임을 노리는 대통령이 다음번 선거의 승리를 위해 무리한 리더십과 정책을 내세우며 야당을 압박하는 과정에서 제왕적 대통령의 특성은 더 현저하게 발현될 수도 있다. 아울러, 재선으로 두 번째 임기를 수행하는 대통령이 현재의 5년 단임제 대통령보다 더 민주적이 되리라고 기대할 만한 근거도 없다. 두 번째 임기의 대통령은 현 단임제 대통령과 마찬가지로 향후 재선을 기대할 수 없다. 5년 단임제 대통령이 제왕적 대통령이 될 특별한 이유가 존재한다면 재임된 4년 중임제 대통령 또한 마찬가지다.

재선에 임하는 대통령은 통상 자신의 선거 상황을 유리하기 만들기 위해 다양한 전략들을 꾀한다. 정치경기순환론political business cycle theory은 정부의 경제 및 재정 정책이 선거 시점을 주기로 확대와 위축을 지속적으로 꾀한다는 이론이다. 이는 집권 여당이 의도적으로 경기 순환을 조절 및 통제함으로써 다음번 선거 시점에 맞추어 자신들에게 유리한 경제 상황을 도출하고자 시도한다는 논리이다. 정치경기순환론이 규칙적으로 선거를 치르는 대다수 민주주의 국가에서 보편적으로 발생하는 현상인지에 대해서는 경험적으로 논란이 존재한다. 하지만 금융 및 재정 정책의 효과를 선거 시점과 맞추려고 하는 의도는 거의 모든 정부가 가진다고 해도 과언이 아니다. 미국의 연방준비제도Federal Reserve System나 우리나라 한국은행의 독립성이 강조되는 것은 정치경기순환론을 최소화하기 위한 방책이다.

재선에 임하는 대통령은 자신의 선거를 위해 경제 정책만을 활용하는 것이 아니다. 이들은 2~3년째 임기부터 재선을 위한 온갖 노림수를 도모할 수 있다. 일부 위정자들의 경우 재선을 위해 타국과의 갈등 조성 등을 통해 국가적 위기 상황을 의도적으로 촉발시킴으로써 자신에게 유리한 선거 국면을 조성하기도 한다. 과거 우리나라 선거 때마다 논란이 되던 북풍 조성은 대표적 사례다.

5년 단임제를 4년 중임제로 전환시키면 제왕적 대통령의 문제가 해소될 수 있다는 논리적 근거는 확인되지 않는다. 5년 단임제이기 때문에 제왕적 대통령 문제가 야기된다는 주장 또한 근거가 지극히 미약하다. 5년 단임제가 문제라면 재임을 허용해서 대통령의 임기를 8년까지 늘려주는 것보다는 단임제의 임기를 4년으로 축소시키는 것이 더 설득력 있는 해법일 수 있다.

아울러, 우리나라는 미국과는 달리 의회의 대통령 탄핵소추가 이루어지면 이후 헌법재판소의 최종 판단을 요청한다. 대통령에게 유리한 헌법재판소의 재판관 구성과 대통령 탄핵 인용을 위한 재판관 6인의 동의 규정 등은 대통령의 탄핵을 어렵게 만드는 이유를 구성하고, 이로 인해 탄핵 가능성을 과소평가하는 대통령이 제왕적이 될 여지를 증대시킨다. 우리는 3장에서 이에 대한 논의를 더 구체적으로 진행할 것이다.

현재까지의 논의를 정리하자면, 대통령 4년 중임제는 제왕적 대통령의 문제를 푸는 적절한 해법이 아니다. 그렇다면 의원내각제로의 전환은 효율적 대안이 될 수 있을까? 이에 대한 논의를 진행하기 위해서는 의원내각제의 특성, 유형 및 운용 방식 등에 대한 기본적 이해가 선행되어야 한다. 또한 의원내각제 국가들이 채택하는 선거제도에 대한 상세한 이해를 요구한다. 이에 대한 논의를 시작해 보자.

의원내각제의 특성

여러분은 학창시절 수업 시간에 대통령제와 의원내각제의 대조적 특성들에 대해 배운 기억이 있을 것이다. 대통령제의 장점은 강력한 리더십이 발현되는 환경으로 인해 정국의 안정을 꾀할 수 있지만, 단점으로 독재의 위험성이 존재한다고 배웠을 것이다. 반면 의원내각제는 장점으로 정당들 사이의 협치를 활성화시키는 권력구조지만, 단점으로 집권당의 확고한 권력 보유가 힘들어서 정국의 불안정이 야기될 수 있다는 설명을 들었을 것이다. 이처럼 양 제도 사이에 이분법적으로 상호 교차하는 장단점이 존재한다는 설명이 현실적 적실성을 갖는 것일까?

대통령제하에서 여당이 의회의 다수를 차지한다면 행정부와 입법부라는 양대 권력을 장악한 대통령과 여당이 안정적 리더십을 확보하기 쉬울 것이다. 그러나 여당이 입법부의 다수를 점하지 못하는 여소야대의 상황이 된다면 대통령의 국정 주도권은 도전받을 가능성이 높아진다. 여소야대가 창출하는 분점정부는 말 그대로 권력이 나누어진 상태이고, 여기에서 행정부와 입법부 간의 치열한 갈등은 자연스런 현상이 될 것이다. 대통령제의 권력 구조는 여대야소의 단점정부만을 항상 보장하는 것이 아니다. 특히 양당제 구도하에서 두 정당이 치열하게 경쟁하는 상황이라면 미국의 사례에서도 보듯이 분점정부은 꽤 일상적으로 발생할 수 있다. 따라서 대통령제의 장점이 정국의 안정이고 단점이 독재의 위험이라는 평가는 설득력을 확보하기 힘들다.

반면, 의원내각제는 대다수의 국가에서 과반수 의석을 확보한 여당 혹은 연립한 정당 세력이 내각을 구성하면서 행정부를 이끈다. 대다수 의원내각제 국가들의 경우 내각 구성의 자격에 의회 의석의 과반수 확보 조항을 의무화하기 때문에 여소야대의 상황은 원초적으로 발생하기 힘들다. 간혹 내각을 함께 구성한 정당들 간의 연정이 깨지는 상황이 발생할 수 있지만, 이 경우에는 대체 정당을 확보하여 새로운 연정을 구성하거나, 이것이 어려울 경우 국민의 뜻을 다시 묻는 조기 총선으로 가는 방안들이 모색된다. 만약 애초 구성된 연정이 취약하다면 정국 불안정이라는 위원내각제의 단점이 노정될 수도 있지만, 정국 불안정을 의원내각제의 본원적 단점이라고 주장하는 것은 무리이다. 서구 유럽의 대다수 국가가 의원내각제를 채택하고 있지만, 이들 국가의 정치 상황이 여타 다른 지역 국가나 대통령제 국가보다 불안정하다는 평가는 어불성설이다.

의원내각제에서는 행정부인 내각이 이끄는 결정들을 의회가 견제하는 것이 쉽지 않다. 앞서 언급했듯이, 행정부의 내각 자체가 의회 내 과반수를 확보한 다수당 혹은 집권 정당 연합에서 임명되기 때문이다. 의원내각제는 행정부와 입법부 사이의 견제와 균형이라는 개념이 명쾌하게 부각되지 않는다. 권력의 분립은 연정을 이끄는 제1당이 타 소수당과 협상하는 과정에서 각료 배분 등의 형태로 나타날 수는 있지만, 일단 내각이 형성되면 행정부와 입법부 사이의 견제와 균형은 의원내각제에서 최소화된다.

이분법적
보편화의 오류

오랜 시간 안정적으로 대통령제를 운영해 온 국가가 사실상 미국 1개국밖에 없다는 점에서 대통령제의 특징을 설명할 때 우리는 미국의 사례에 집중하지 않을 수 없다. 반면에 안정적으로 의원내각제를 운영하는 국가들은 서구 유럽 지역 이외에도 캐나다, 호주, 일본, 인도 등 전 세계에 펼쳐져 있다. 권력 구조의 논의에서 우리는 이들 국가를 의원내각제의 동일 카테고리에 포함시키지만 이들의 정치 형태는 상당한 다양성을 나타낸다. 따라서 사례 수가 하나인 대통령제와는 달리 의원내각제는 공통적 특성을 규정하는 데 어려움을 갖는다.

의원내각제 내에는 영국과 같이 의회 내 과반수 의석을 지닌 제1당이 행정부를 장악하며 정치 전반에 걸쳐 강력한 영향력을 행사하는 국가도 있고, 네덜란드 등과 같이 다수의 당이 연정을 형성하면서 유연한 협치를 구사하는 국가도 있다. 독일이나 스웨덴과 같이 제1당이 연정을 통해 행정부를 구성하지만 제1당의 영향력이 현저하여 연정 속에서도 안정적인 정치 리더십을 구사하는 국가들도 존재한다. 또한 당내 이념적 결속이 취약하여 한 개의 정당이라기보다는 정치 파벌의 연합 형태를 꾀하는 제1당이 파벌 간 거래와 야합에 의해 총리 교체가 이루어지는 일본이나 과거 이탈리아와 같은 의원내각제 국가들도 존재한다. 이처럼 국가별로 매우 상이한 정치 행태를 보이는 의원내각제를 대통령제와 이분법적으로 대칭시키며 그 장단점을 비교하는 설명은 설득력을 확보하기 어렵다.

영국의
의원내각제

대통령의 권한이 꾸준히 강화되어 온 미국이지만, 권력 구조 특성상 미국의 대통령은 분점정부의 상황에서 야당의 강한 견제에 직면하게 된다. 반면, 의원내각제하의 영국 수상에게 야당이 견제를 시도하는 것은 사실상 쉽지 않다. 그점에서 영국의 수상은 당내 리더십만 명확히 확보한다면 미국의 대통령보다 더 압도적인 권력을 행사하며 국가를 지휘할 수 있다.

1982년 영국이 아르헨티나와 포클랜드 해전을 치렀을 때 대처 수상 이외의 어느 누구도 전쟁에 대해 우호적 입장을 보이지 않았다. 멀리 대서양 반대편에 있는 국가를 상대로 자국의 해군을 보내 전쟁을 치러야 하는 위험 부담 때문에 많은 이들은 아르헨티나와의 전쟁을 반대하였다. 전쟁을 반대한 세력은 야당과 국민뿐만 아니라 심지어는 여당 내 각료들도 포함하였다. 그럼에도 불구하고 대처 수상은 독불장군식으로 전쟁을 밀어붙였다.

정치학자들은 미국의 대통령이라면 그 같은 사회 전방위적인 반대를 결코 이겨내지 못했을 것이라고 평가한다. 권력 구조상 권력분립형인 대통령제의 대통령보다 권력융합형인 의원내각제의 영국 수상이 더 강력한 정치적 리더십을 행사할 수 있었다는 것이다.

듀베르제의 법칙

하지만 영국의 의원내각제는 매우 예외적인 경우에 속한다. 영국에서 제1여당이 의회 내 과반수 의석을 장악할 수 있는 이유는 소선거구 다수대표제로 진행되는 하원의원 선거 방식에 기인한다. 정치학자인 모리스 듀베르제Maurice Duverger에 따르면, 소선거구 다수대표제는 양당제를 이끌어내는 경향을 갖는다. 반면 듀베르제는 중대선거구 비례대표제하에서는 다당제가 촉진된다고 주장한다.[6] 사람들은 이를 듀베르제 법칙이라고 호칭한다.

듀베르제 법칙을 설명하기에 앞서 선거제도의 차이를 간략히 정리해 보자. 소선거구는 한 선거 구역 내에서 한 명의 후보만을 당선시키는 선거제도다. 이때 당선되는 한 명의 후보는 후보자 중 득표율이 가장 높은 사람이어야 하며, 이를 다수대표제라고 한다. 소선거구 다수대표제 하에서는 1등을 제외한 다른 모든 후보자는 탈락한다. 반면 중대선거구는 한 선거 구역 내에서 2인 이상을 당선시키는 선거제도다. 중선거구와 대선거구를 구분하는 기준은 학자마다 다소의 차이를 갖는다. 통상 2~3인의 후보를 당선시키는 제도를 중선거구, 그 이상의 후보를 복수로 당선시키는 제도를 대선거구로 나눈다.

그렇다면 2인 중선거구 다수대표제란 무엇일까? 이는 한 선거 구역 내에서 득표율이 가장 높은 두 사람을 당선시키는 제도이다. 마찬가지로, 5인 대선거구 다수대표제는 1등에서 5등까지 득표율이 높은 5명의 후보자를 당선시키는 제도이다. 여기에서 상세히 논의하지는 않겠지만, 5인 대선거구 다수대표제는 몇 가지 문제점들 때문에 실제 현실에서는 찾아보기 힘들다. 통상 다수대표제를 운용하는 국가들은 1인을 뽑는 소선거구나 2인을 뽑는 중선거구를 채택한다. 3인 이상을 뽑는 중대선거구를 채택하는 국가들은 다수대표제 대신에 비례대표제를 운용한다. 비례대표제에 대한 설명은 뒤에 추가로 진행한다.

먼저 듀베르제 법칙이 적실성을 갖는지 현실 선거 사례를 살펴보자. 아래 도표는 2010년에 치른 영국의 하원의원 선거 결과이다. 이 선거는 소선거구 다수대표제하에서 치러졌다. 소선거구이기 때문에 우리나라의 지역구 국회의원 선거와 마찬가지로 한 개 선거 지역에서 1인만 당선된다. 아래 표에서 여러분이 주목할 수치는 각 정당의 득표율과 의석률 사이의 차이이다. 2010년 선거에서 데이비드 캐머런David Cameron이 이끈 보수당은 306석을 얻어서 제1당의 지위를 확보하였다. 보수당이 얻은 의석수는 과반수에 조금 못 미치는 전체 의석수의 47.1%에 달한다. 하지만 보수당이 획득한 유권자 득표율은 36.1%에 불과하였다.

영국 하원 선거(2010년)

정당	득표율(%)	의석	
		의석율(%)	의석수(석)
보수당	36.1	47.1	306
노동당	29.0	39.7	258
자유민주당	23.0	8.8	57
기타	11.9	4.4	29
합계	100.0	100.0	650

보수당이 확보한 의석수와 획득한 득표율과는 10% 이상의 차이를 보였다. 이는 보수당이 소선거구 다수대표제의 형태로 치러진 선거를 통해 10% 이상의 의석 프리미엄을 얻었음을 의미한다.

제2당인 노동당 역시 득표율은 29.0%지만, 의석 점유율은 39.7%로 10%가 넘는 의석 프리미엄을 보상받았다. 하지만 제3당인 자유민주당은 노동당보다 조금 적은 23.0%를 득표했지만, 의석 점유율은 8.8%에 불과하였다. 이처럼 소선거구 다수대표제는 두 개의 주요 정당에게는 유리한 반면, 제3당 이하의 소수 정당에게는 극히 불리한 제도로 알려져 있다. 3당 이하 소수 정당 후보를 선택해 봤자 어차피 소선거구 다수대표제하에서는 낙선할 후보들이기에, 소수당 지지자들은 투표장에 가는 것 자체를 거부함으로써 높은 사표율을 발생시킨다. 이들이 투표장에 나갈 경우에도 자신이 지지하는 소수 정당의 후보 대신 당선될 가능성이 높은 다수 정당의 후보 중에서 선택하는, 이른바 전략적 투표를 감행하게 된다. 소선거구 다수대표제의 이러한 특성 때문에 듀베르제가 주장하듯이 이 제도는 통상 소수당들을 괴멸시키면서 양당제를 촉진하는 결과를 초래한다.

유권자들이 다양한 의견을 가지고 여러 정당에 대한 각기의 선호도들을 갖는다면, 좋은 선거제도는 이러한 유권자 선호도를 적절히 반영할 수 있어야 한다. 정치학자들은 이를 선거의 비례성이라고 말한다. 다시 말해, 득표율과 의석 점유율이 일치하는 선거제도가 비례성이 높은 제도이고, 또한 좋은 제도이다. 이 점에서 소선거구 다수대표제는 치명적 약점을 보유한다. 선거 결과가 다양한 의견과 선호도를 가진 유권자들을 형평성 있게 대표하는 데 실패하기 때문이다.

2015년의 영국 하원 선거 역시 듀베르제의 주장을 재확인시킨다. 앞선 2010년의 선거와 마찬가지로 1위의 보수당은 36.8%의 득표율로 하원 의석의 과반수를 장악했다. 2위인 노동당 또한 득표율보다 높은 의석 점유율을 나타냈다. 하지만 제3당인 영국독립당과 제4당인 자유민주당은 득표율보다 현저히 낮은 의석 점유율을 보였다. 2015년 선거에서 특별한 현상은 스코틀랜드 분리 운동의 열기가 뜨거워진 시기였던 만큼 스코틀랜드 지역 정당이라고 할 수 있는 스코틀랜드 민족주의

영국 하원 선거(2015년)

정당	득표율(%)	의석	
		의석율(%)	의석수(석)
보수당	36.8	50.8	330
노동당	30.4	35.7	232
영국 독립당	12.6	0.2	1
자유민주당	7.9	1.2	8
스코틀랜드 민족주의당	4.7	8.6	56
기타	7.6	3.5	23
합계	100.0	100.0	650

당이 56석을 얻으며 제3당으로 부상한 것이었다. 스코틀랜드 민족주의 당의 인기는 이후 급속히 냉각되었지만, 2015년의 선거는 소선거구 다수대표제가 지역주의 정당을 부추길 수 있는 제도라는 점을 확인시켰다. 전국 정당인 영국독립당과 자유민주당이 각기 12.6%와 7.9%를 득표하고서도 단지 1석과 8석의 의석을 확보한 것과 대조적으로, 지역당인 스코틀랜드 민족주의당은 4.7%의 득표율로 무려 56석을 확보했음을 여러분은 확인할 수 있을 것이다.

비례대표제의
양태

영국을 포함하여 호주, 뉴질랜드, 인도 등 영연방 국가들은 영국의 영향을 받아서 의회 선거에서 소선거구 다수대표제나 그와 유사한 대안 투표제 등을 채택하며 자신들의 의원내각제를 운용한다. 하지만 영연방국가를 제외한 유럽 대륙의 대다수 국가는 비례대표제를 채택하며 의원내각제를 운용한다. 듀베르제 법칙에서도 언급되었듯이 비례대표제는 다당제를 초래할 가능성을 높이는 제도로 알려져 있다. 이는 한 당이 과반수 의석을 확보할 가능성이 매우 낮아짐을 의미하며, 따라서 제1당이 타당과의 연정을 통해서 내각을 구성해야 함을 함의한다.

비례대표제는 일반적으로 3인 이상의 중대선거구를 채택한다. 한 선거 지역에 나오는 후보자들의 명단은 각 정당이 결정해서 유권자에게 제시한다. 즉, 각 정당이 자당 후보들을 순번대로 나열한 정당명부를 제시하고, 유권자는 이 명부를 보고 투표한다. 따라서 비례대표제는 후보자 개인에게 투표하기보다는 선호 정당에게 투표하는 것을 기본 원칙으로 한다. 물론, 스위스나 독일의 변형된 비례대표제 혹은 아일랜드의 단기이양투표제(STV)처럼 유권자가 후보자를 선별하는 기회를 제공하는 비례대표제도 존재한다. 하지만 이 경우에도 단기이양투표제를 제외하고는 유권자들의 완전한 후보자 선별은 현실적으로 불가능하다. 스위스와 독일의 변형된 비례대표제는 뒤에 상세히 설명할 것이다.

비례대표제는 각 정당이 얻은 득표율에 근거해서 정당 의석수가 결정된다. 가령 10개 의석을 가진 지역구에서 A정당이 40%의 득표를 했다면 이 정당은 4개의 의석을 가져간다. 10개 의석을 가진 지역구 선거이기 때문에 각 정당은 10명의 후보자를 순번대로 기재한 정당명부를 선거 전에 공고한다. 앞서 언급한 A정당의 경우 1번부터 4번까지 상위 순번에 위치한 후보자가 당선된다. 과거 우리의 전국구 비례대표제와 유사한 방식이라고 할 수 있다.

네덜란드의
비례대표제

중대선거구 비례대표제는 소선거구 다수대표제와는 달리 득표율과 의석률이 유사한 수준을 보이는 높은 비례성을 장점으로 한다. 비례대표제에는 다양한 유형이 있고, 비례성이 얼마나 높은지는 이들 유형에 따라 다소의 차이를 갖는다. 일반적으로 선거구가 커질수록 비례성은 높아진다. 가장 높은 비례성을 지니는 경우는 네덜란드 의회 선거처럼 전국을 하나의 지역으로 일원화하여 비례대표제를 적용하는 경우이다. 네덜란드의 경우 득표율과 의석률의 격차는 거의 존재하지 않는다. 의석수 배분 시 정당에게 요구되는 기본 조건인 봉쇄조항threshold requirement으로 인해 약간의 격차가 발생하기는 하지만 그 격차는 미미하다.

네덜란드의 의석 배분 봉쇄조항은 약 1%의 득표율이며, 봉쇄조항 이상의 득표율을 기록한 정당은 최소 1석의 의석을 배분받는다. 아래 도표는 전국구 비례대표제로 치러진 2023년 네덜란드 의회 선거 결과이다. 의석 총수 150석을 뽑는 선거에서 1위를 차지한 극우 성향의 자유당Party for Freedom은 23.49%를 득표하여 37석을 차지하였다. 의석 점유율은 24.67%로 득표율에 매우 근접한 수치를 보이고 있다.

선거 후 1위를 차지한 자유당은 내각을 구성할 권리를 부여받았다. 그러나 자유당의 의석 점유율이 24.67%에 머무르기 때문에 내각을 구성하려면 다른 당들과 연정을 도모해야 한다. 과반수 의석을 만들기 위해 자유당은 자유민주인민당People's Party for Freedom and Democracy, 신사회계약당New Social Contract 및 농부―시민 운동Farmer-Citizen Movement 등

네덜란드 의회 선거(2023년)

정당	득표율(%)	의석	
		의석율(%)	의석수(석)
Party for Freedom	23.49	24.67	37
GroenLink-PvdA	15.75	16.67	25
People's Party for Freedom and Democracy	15.24	16.00	24
New Social Contract	12.88	13.33	20
Democrats 66	6.29	6.00	9
Farmer-Citizen Movement	4.65	4.57	7
Christian Democratic Appeal	3.31	3.33	5
Socialist Party	3.15	3.33	5
Denk	2.37	2.00	3
Party for the Animals	2.25	2.00	3
Forum for Democracy	2.23	2.00	3
Reformed Pilitical Party	2.08	2.00	3
Christian Union	2.04	2.00	3
Volt-Netherlands	1.71	1.33	2
JA21	0.68	0.67	1
합계	100.0	100.0	150

다른 세 개의 정당과 연정을 도모하였다. 문제는 극우적 성향을 지닌 자유당이 연정을 꾀하다 보니 연정 구성이 쉽지 않았다는 점이다. 자유당이 주도한 내각이 형성되기까지 무려 7개월 반의 시간이 소모되었다. 연정을 구성하는 과정에서 자유당은 여타 정당들과 긴 타협과 합의의 과정을 거쳐야 했고, 이 과정에서 자유당의 극우적 성격은 현저히 퇴색하였다. 너무 장시간 동안 국가를 이끌 내각이 구성되지 못하는 상황에 대해 우려하는 이들이 있을 것이다. 우리에게는 매우 생소하게 느껴지는 상황이고, 유럽의 여타 의원내각제 국가들도 또한 이러한 문제점을 인식하고 있다.

네덜란드의 비례대표제는 너무 많은 정당이 난립하고 이에 따라 연정 구성이 어려워지는 문제점을 노정한다. 유럽의 여타 국가들은 이러한 문제점에 대한 다양한 방지책을 마련하면서 자신들만의 비례대표제를 구축해 왔다. 이들은 봉쇄조항의 강화와 지역 단위 선거구 활성화 등의 방안들을 강구한다. 그럼에도 불구하고 중대선거구 비례대표제를 적용하는 국가들이 소선거구 다수대표제보다는 많은 정당의 의회 진출을 허용하고 있음은 의문의 여지가 없다. 라이파트Arend Lijphart는 두 개의 정당이 정치적 주도권 쟁탈을 꾀하는 양당제와 달리 다당제의 상황을 초래하는 비례대표제하에서는 '합의제 정부Consensus government'의 현상이 두드러진다고 설명한다.[7] 비례대표제를 토대로 한 의원내각제는 다수결 민주주의의 약점을 보완하는 정치 제도로 평가받는다.

2장

유럽의 대다수 의원내각제가 합의제적 성격을 갖는 것은 의원내각제 자체의 특성이라기보다는 이들 국가가 운용하는 비례대표제의 특성에 기인한다. 다수결 민주주의는 다수를 장악한 세력이 정치를 주도하는 것으로 여대야소의 대통령제가 그 대표적 사례다. 여대야소의 대통령제는 대통령 선거와 의회 선거에서 다수표를 장악한 여당의 독주를 허용한다.

소선거구 다수대표제를 운용하는 영국식 의원내각제 또한 다수결 민주주의의 전형적 사례이다. 문제는 소선거구 다수대표제의 비례성 왜곡으로 인해 영국의 의원내각제가 기실은 다수결 민주주의의 조건을 충실히 만족하지 못한다는 점이다. 여당이 확보한 다수는 하원의원 수의 다수일 뿐이지 유권자의 다수를 보장하지 못하기 때문이다. 영국식 의원내각제의 본원적 문제점은 유권자의 다수를 확보하지 못한 여당의 독주를 제도적으로 막기 힘들다는 점이다. 영국의 민주주의는 영국식 제도의 결과라기보다는 문제가 많은 영국식 제도임에도 불구하고 민주적 정치 리더십의 전통과 관행이 이끌어낸 결과라고 할 수 있다.

비례대표제의
낮은 책임성

네덜란드형 비례대표제는 득표율과 의석률 사이의 높은 비례성을 장점으로 한다. 하지만 그 대가로 책임성(혹은 대표성)에 있어서 취약하다는 평가를 받는다. 책임성은 선거에서 특정 후보자의 당락이 유권자들의 직접적 지지에 의해 결정되는지의 여부를 묻는다. 앞서 언급한 영국 하원의원 선거나 우리나라의 지역구 국회의원 선거의 경우 지역 주민이 해당 지역의 후보자들을 직접 선택해서 당선자가 결정되는 형태를 취한다. 개인 후보들의 당락이 지역구 유권자들의 직접적인 투표 결과에서 비롯되기 때문에 후보들은 자신의 지역구 유권자들의 지지도에 민감할 수밖에 없고, 따라서 지역구 의원의 지역구 유권자에 대한 책임성은 높아진다. 지역구 유권자들을 만족시키지 못할 경우 해당 지역구 의원은 다음번 선거에서 당선되기 어려워진다.

반면 네덜란드형 비례대표제는 유권자들이 개인 후보가 아니라 자신의 선호 정당을 선택해서 투표하는 방식이기 때문에, 선거에서 선출된 의원은 자신의 개별 지역구가 있는 것이 아니고, 자신의 개인 지지도로 당선되는 것도 아니다. 당선이 가능한 정당명부의 상위번호를 차지하는지가 가장 중요하다. 설령 특정 후보 개인의 유권자 평가가 좋지 않을 경우에도 정당명부의 상위번호만 점한다면 그 후보는 당선된다. 이는 후보들이 자신의 정당명부 상단에 위치하기 위해 유권자보다는 소속 정당 혹은 소속 정당 내 지도부에 충성하도록 만든다. 따라서 네덜란드형 비례대표제하에서 유권자들에 대한 의원의 책임성은 상대적으로 취약할 수밖에 없다.

이러한 제도는 국회의원이 유권자들의 개인 후보 지지 동향에 일희일비하지 않고 개인 지역구도 가지지 않기 때문에 지역 이기주의에 매몰되지 않는 국가 전체적 이익을 위한 의사 결정을 하는 데 유리하다는 장점을 일면 보유한다. 하지만, 앞에서 언급한 유권자에 대한 취약한 책임성과 더불어 정당명부의 객관성 문제가 단점으로 부각된다. 당내 민주화가 제대로 정착하지 못한 정당의 경우 정당명부는 당내 세력관계에 의해 영향받으며 유권자의 선호도를 반영하지 못한 왜곡된 형태가 될 수 있다. 정당명부의 순위를 누가 어떻게 설정하는지는 비례대표제 운영을 위한 가장 중요한 사안이다. 정당명부가 당내 영향력 있는 인사나 집단에 의해 비민주적인 방식으로 결정될 경우 비례대표제는 정치 부패의 발원지로 전락할 수 있다.

선거에 참여하는 네덜란드의 모든 정당은 1번부터 150번까지 순위별로 정리된 정당명부를 선거 전에 공개한다. 2023년 선거의 경우 1위를 차지한 자유당의 경우 23.49%를 득표하여 37개의 의석을 할당받는다. 이는 자유당의 정당명부에 기재된 1번부터 37번까지의 후보자가 당선됨을 의미한다. 이때 만약 3번 후보가 모든 유권자로부터 배척받는 인물이라고 할지라도 자신의 평판과는 무관하게 당선된다. 이 경우 유권자들은 정당명부에 적힌 인물들의 순서를 외부에서는 전혀 통제할 수 없다는 무력감을 느끼게 된다.

스위스의
비례대표제

이러한 유권자 무력감을 완화시키기 위해 다수의 국가들은 여러 형태의 변형된 비례대표제를 도입한다. 우리는 이들 변형된 비례대표제 구상 중 두 가지 형태를 검토한다. 첫 번째 변형은 스위스형 비례대표제이다. 스위스의 비례대표제는 200명의 국회의원을 선출하는데, 앞선 네덜란드의 경우와 같은 전국구 비례대표제가 아니라, 26개 구역Canton으로 나누어 지역화된 비례대표제를 운용한다. 가장 큰 지역구인 취리히의 경우 35명의 국회의원이 선출되지만, 소규모 지역구의 경우에는 1명의 국회의원이 뽑히기도 한다. 당선자가 1명인 지역구에서 비례대표제와 다수대표제는 차이를 보이지 않는다. 단지 비례대표제가 전반적으로 후보 개인의 인물 본위 투표라기보다는 선호 정당에 대한 투표의 성격을 갖는다는 점에서 상징적 차이를 보일 수는 있겠지만, 실제 운용에서 이 두 선거제도 사이의 차별점을 발견하기는 쉽지 않다.

선거에 앞서 스위스의 각 당은 지역별 국회의원 정수에 맞추어 자신들의 정당명부를 발표한다. 선거 당일 지역구 유권자들은 두 가지의 선택 옵션을 갖는다. 첫째는 자신의 선호 정당이 제시한 정당명부를 있는 그대로 수용하는 것이다. 둘째는 자신이 선호하는 정당의 명부에 자신이 지지하지 않는 후보자 이름이 기재되어 있다면 이를 삭제할 수 있다. 또한 자신이 좋아하는 후보자가 있다면 원래의 한 표에 한 표를 더 추가하여 두 표까지 투표할 수 있다. 다시 말해, 유권자는 각 후보자에게 0표, 1표, 혹은 2표의 세 가지 선택을 할 수 있다. 이때 유권자는 각 후보자에게 배분한 자신의 표의 총 수가 지역구 국회의원 정수를 넘기지 않아야 한다.

　이해를 돕기 위해 총 10인의 당선자를 배출하는 한 지역구의 사례를 살펴보자. 아래 표에서 보는 바와 같이 지역구 의원 총수에 맞추어 각 정당은 자신들의 정당명부를 발표한다. A정당을 지지하는 한 유권자가 있다고 가정해 보자. 이 유권자는 A정당이 발표한 정당명부에 나오는 후보자들에 대한 각기 다른 선호도를 갖는다. 가령, 이 유권자는 정당의 최우선 순번을 차지하는 A1과 A2 후보에 대한 거부감을 가지고 있다. 또한 A5와 A8 후보에 대해서도 비우호적이다. 대신 A3, A4, A9, A10 후보를 적극적으로 지지한다. 따라서 A1, A2, A5, A8 후보에게는 0표를 줘서 사실상 명단에서 이름을 삭제하고, A3, A4, A9, A10 후보에게는 2표를 줘서 이들의 당선을 적극 지원한다. 이 유권자는 나머지 A6와 A7 후보에게는 각기 1표씩 배당하였다. 이 유권자가 행사한 표는

스위스 정당명부 투표(총 의석 10석 Canton 사례)

후보순서	A당	B당	C당
1	A1(X)	B1	C1
2	A2(X)	B2	C2
3	A3(2)	B3	C3
4	A4(2)	B4	C4
5	A5(X)	B5	C5
6	A6(1)	B6	C6
7	A7(1)	B7	C7
8	A8(X)	B8	C8
9	A9(2)	B9	C9
10	A10(2)	B10	C10
비고	Panachage 가능		

총 10표로, 지역구 의원 총수에 해당하는 10석을 넘지 않았다.

스위스의 선거에서는 파나샤지panachage라고 하는 부분 교차 투표도 가능하다. A당을 지지하는 유권자가 A당 후보가 아닌 C당의 C7 후보를 지지하고 싶다면 C7 후보의 이름을 자신의 투표지에 기재함으로써 타당 후보를 자신의 투표지에 포함시킬 수 있는 것이 파나샤지다.

그렇다면 개표 후 선거 결과는 어떻게 될까? 파나샤지로 인해 선거에서 특정 정당이 과연 얼마만큼 득표했는지를 계산하는 방식은 다소 복잡하다. 가령, 우리의 사례에서 A당을 지지하는 유권자가 C당의 후보 1인에게 2표를 주는 파나샤지를 실행했다면 A당의 당 득표율은 1이 아니라 0.8(8/10)이 된다. 반면 C당은 0.2의 당 득표율을 획득한다. 이러한 복잡한 산술 과정을 거친 후 A당의 최종 합계 득표율이 40%라고 가정해 보자. 이 경우 A당은 지역구 총 의석 10석 중 40%에 해당하는 4석을 가져간다. 이때 4석의 배분은 A당이 애초에 제출한 정당명부 상의 순위에 따라 1번부터 4번의 당선으로 귀결되지 않는다. A당의 10명 후보들은 각기 유권자들로부터 0표, 1표, 혹은 2표를 얼마나 받았는지에 따라 총 표수의 차이를 나타낼 것이다. 이 총 득표수에서 상위를 차지한 4명의 후보자가 최종적으로 당선된다. 우리의 사례에서 A2, A3, A6, A9 후보가 총 득표수에서 가장 앞섰다고 한다면 이들이 최종 당선인이 된다.

이 스위스형 비례대표제의 장점은 무엇일까? 각 정당이 정당명부를 발표했을 때 이 명부에 동의하는 유권자는 간단하게 자신의 지지 정당만을 선택하면 될 것이다. 하지만 일부 유권자들은 이들 정당명부 순수와는 차별되는 각 후보자에 대한 자신의 선호도를 표출할 것이고, 이러한 선호도가 합산될 경우 정당이 애초에 제시한 정당명부와는 상이한 형태의 후보자 순번이 결정될 것이다. 이는 비례대표제의 약점으로 지적되었던 정당명부 속 후보자 순위 결정에 대해 유권자들이 갖는 무력감을 일정 부분 해소시킬 수 있다. 당 대표나 당내 유력 인사가 자신의 우호 세력을 정당명부의 상위 순번에 배열하더라도 유권자들은 이러한 순서를 뒤바꿀 수 있다.

스위스형 비례대표제는 장점만큼이나 약점도 보유한다. 각 당의 후보자는 일단 자신의 이름이 정당명부에 들어간 순간부터는 경쟁 상대가 타당의 후보라기보다는 자당의 후보라고 할 수 있다. 취리히와 같이 35명의 대규모 지역구에서는 동일 수의 자당 후보가 존재한다. 각 후보는 당선을 위해 자당의 이념이나 정강을 벗어나는 발언이나 약속을 자신의 지지자들에게 내던지게 경우들이 발생하게 된다. 후보들이 더 많은 득표를 위해 각종 이익단체와 연계를 꾀하고 이들의 표를 얻고자 무리한 정책공약을 앞세우며 경쟁하기도 한다.

스위스 정치에서 정치권과 이익단체 간의 과도한 연계로 인한 폐단은 오랜 기간 동안 논란이 되어 왔다. 취리히처럼 각 정당별로 35명의 후보를 내는 경우 사실 유권자들이 이들 각 후보가 누구인지 파악하는 자체가 쉬운 일이 아니다. 이는 확고한 지역적 지명도를 갖춘 후보가 아닌 이상은 확실한 표를 줄 수 있는 이익단체들과의 연계 없이 당선되기가 만만치 않음을 의미한다.

이러한 논란에도 불구하고 스위스가 이러한 비례대표제를 운용해 온 데는 인구가 적다는 사실과 연관이 있다. 적은 인구로 인해 정치인과 유권자 사이의 관계가 비교적 긴밀하다는 스위스 정치의 특성이 선거제도가 야기하는 일부 문제점들을 부분적으로 완화하는 역할을 수행한다. 스위스는 국민투표와 국민발의 제도를 매우 적극적으로 시행하면서 시민의 직접적 정치참여를 활성화시킨다. 직접 민주주의적 장치들은 선거제도에서 야기되는 이익단체의 영향력 문제 등을 해소시키는데 일정 부분 기여한다. 이는 시민의 직접적 정치참여가 제한적일 수밖에 없는, 인구가 많은 다른 국가에서 스위스형 선거제도를 도입하기가 쉽지 않을 것임을 의미한다.

독일의
비례대표제

스위스의 비례대표제보다 조금 더 복잡한 독일의 비례대표제에 대해 논의해 보자. 독일형 비례대표제는 우리나라에서는 연동형 비례대표제라고 해서 2020년의 21대 국회의원 선거 때부터 도입되어 활용되고 있다. 문제는 이 제도의 가장 고질적인 약점이 21대에 이어 22대 총선에서도 거듭 나타났다는 것이다. 애초 도입 시기부터 불 보듯 뻔한 약점이었는데 무시된 채 도입되었고, 이 연동형 제도의 약점은 현재도 지속되고 있다.

독일형 비례대표제 역시 핵심은 정당에 의해 일방적으로 결정되는 정당명부의 문제점을 완화하기 위한 취지에서 구상되었다. 2025년 2월의 조기 연방하원 선거에서 독일은 기존의 선거제도에 대한 개혁을 단행하였다. 왜냐하면 1949년 독일연방공화국Federal Republic of Germany의 성립 이후 최근까지 75년 동안 운용해 온 선거제도의 문제점이 과도하게 노정되었기 때문이다. 지난번 2021년의 선거에서 연방하원의 정원은 598석이었다. 하지만 실제로 당선된 의원 수는 736명으로, 정원보다 무려 138명의 의원이 추가로 당선되었다. 어떻게 598명을 뽑는 선거에서 736명이 당선되는 일이 벌어질 수 있을까?

우리의 현 전국구 비례대표 국회의원 선거는 독일의 개혁 전 선거방식을 부분적으로 차용하고 있다. 우리는 이 장의 뒷부분에서 우리 선거제도에 대한 평가를 진행할 것이다. 이를 위한 준비 작업으로 독일의 제도개혁 전 연방의회 선거에 대해 조금 더 상세히 알아보자. 2021년 독일 연방하원 선거는 총 598석을 16개 지역Bundesland으로 나누고 있다. 이들 지역 중에는 100석을 훨씬 넘기는 북라인-베스트팔리아North Rhine-Westphalia와 같은 대형 지역구들도 있고, 10석 이내의 브레멘Bremen이나 자르란트Saarland와 같은 소형 지역구들도 존재한다. 24석을 보유한 베를린Berlin의 예로 들자면, 이 의석 중 절반인 12석은 베를린시 소지역구로 나누어 소선거구 다수대표제로 선출한다.

유권자들은 선거에서 두 개의 투표를 하는데, 1차 투표는 자신이 소속된 지역구의 의원을 선출하는 것이고, 2차 투표는 자신의 지지 정당을 선택하는 것이다. 베를린시 지역구에 소속된 12명의 연방의원은 유권자가 행사한 1차 투표의 결과로 결정된다. 그리고 유권자들이 행사하는 2차 투표는 각 정당이 최종적으로 보유할 지역 내 의석수를 결정한다. 가령, 사민당이 베를린시의 정당 투표에서 50%의 득표율을 기록했다면, 사민당은 베를린시의 총 의석인 24석 중 50%인 12석을 가져가게 된다. 그런데 사민당이 베를린시의 12개 지역구 선거에서 7명의 연방의원을 당선시켰다고 가정해 보자. 이 경우 사민당은 정당 투표에서 확보한 12석에서 7석을 제외한 나머지 5석을 자신의 정당명부에서 순서대로 당선시킨다.

독일형 비례대표제의 핵심은 정당이 최종적으로 얻을 의석의 수는 원칙적으로 2차 투표인 정당 투표의 결과로 결정되며, 1차 투표에서 선출된 지역구 의원수는 정당의 최종 의석수에 영향을 미치지 않는다는 점이다. 문제는 독일의 비례대표제가 이처럼 명쾌하게 의석이 결정되지 않는 경우가 실제로는 빈번하게 발생한다는 것이다. 이에 대한 설명을 위해 아래 표에 간략한 사례를 제시한다. 논의를 단순화하기 위해 아래 표에서는 총 의석이 10석인 지역을 상정한다. 표에서 보듯이 4개의 정당이 선거에 참여하였다고 가정하자. A당, B당, C당, D당은 2차 정당 투표에서 각기 40%, 30%, 20%, 10%의 득표율을 기록하였다. 이 득표율에 따라 4개의 정당은 10석의 총 의석을 배분한다. A당은 4석, B당은 3석, C당은 2석, 그리고 D당은 1석을 차지하였다.

그런데 총 의석이 10석인 지역의 경우 그 반인 5석은 지역구 선거에 의해 선출된다. 지역을 5개로 나누어 소선거구 다수대표제에 의해

정당(득표율)	A(40%)	B(30%)	C(20%)	D(10%)
1	A1	**B1**	C1	**D1**
2	**A2**	B2	C2	D2
3	**A3**	B3	C3	D3
4	A4	B4	C4	**D4**
5	A5	B5	C5	D5
6	A6	B6	C6	D6
7	A7	B7	C7	D7
8	A8	B8	C8	D8
9	A9	B9	C9	D9
10	A10	B10	C10	D10
실질 당선 의석수	4석	3석	2석	2석 (초과의석 포함)

각 당은 1인의 후보를 내세우며 경쟁한다. 여기에서 A당이 2명, B당이 1명, 그리고 D당이 2명을 당선시켰다고 상정해 보자. 앞서 A당은 정당투표에서 40%를 획득하여 4석을 확보했기 때문에 지역구 선거에서 당선된 2명을 제외한 나머지 2명을 비례대표 명부에서 당선시킨다. 지역구 선거에서 당선된 2명이 A2와 A3라고 한다면, A당은 나머지 2명을 정당명부의 위쪽 순번에 위치한 A1과 A4로 선택하게 된다. 마찬가지로 B당은 지역구에서 당선된 1명(B2) 이외에 2명(B1과 B3)을 추가적으로 당선시킨다. C당은 지역구에서 당선자를 배출하지 못했지만 정당 투표에

서 2석을 확보했기 때문에 C1과 C2를 차례로 당선시킨다.

　문제는 D당에서 발생한다. D당은 지역구 선거에서 D1과 D4라는 2명의 후보를 이미 당선시켰다. 그런데 D당의 정당 투표 득표율은 10%로 D당의 총 의석은 1석으로 제한되어야 한다. 하지만 지역구 선거에서 이미 당선된 후보를 탈락시킬 수는 없기 때문에 D당에게는 1석이 아닌 2석이 불가피하게 허용된다. D당에게 추가로 부여된 1석을 초과의석surplus seat 혹은 overhang seat이라 하는데, 초과의석은 독일 비례대표제의 비례 원칙을 손상시킨다. 2차 투표인 정당 투표의 득표율로 각 정당의 의석이 결정되는 것을 방해하기 때문이다.

　초과의석이 산출하는 비례 불균형을 개선하기 위해 도입된 제도가 균형의석leveling seat 혹은 balancing seat이다. 균형의석은 초과의석이 초래한 비례 불균형을 교정하기 위해 초과의석이 발생하지 않은 정당에게 비율에 맞추어 의석을 추가로 할당하는 것이다. 2021년의 선거에서 초과의석은 34석이었고, 이에 따른 정당 간 비례 불균형을 수정하기 위한 균형의석은 103석이 발생하였다. 원래 598석으로 구성된 독일 하원이 138석의 초과의석 및 균형의석으로 인해 무려 736명이 당선되는 결과가 초래된 것이다. 정원이 300명인 우리나라 국회의원 선거에서 350명이 당선되었다면 여러분은 이를 받아들일 수 있겠는가?

　동서독으로 분단되었던 시절 연방하원 선거에서 발생하는 초과의석은 2~3석 수준에 머무르고 있었다. 그러나 독일 통일 이후 동독 지역

내 지역당들이 생기면서 초과의석은 10~20석으로 증가하였고, 초과의석이 야기하는 비례 불균형을 교정하는 균형의석 제도가 도입된 후부터 총 의석수는 정원에 비해 급격히 늘어났다.

독일형 비례대표제의 더 큰 문제는 초과의석이 정당이나 유권자들의 전략적 투표에 매우 취약하다는 점이다. 만약에 각 정당이 자신의 유사 정당을 만들고 이 중 한 정당에서는 지역구 선거에만 후보를 내보내고, 다른 정당은 유권자의 정당 투표만을 유도한다면 초과의석은 급격히 늘어날 수 있다. 모든 정당이 이 같은 전략을 감행할 경우 연방의원 정원의 1.5배에 해당하는 의원이 당선된다. 우리나라의 300석 국회의원 선거를 독일식 제도로 치른다면 초과의석만으로 최대 150석이 발생할 수 있다. 균형의석까지 고려한다면 300명을 선출하기 위한 총선에서 500명 이상이 당선되는 황당한 상황이 야기될 수 있다.

이러한 문제의 심각성을 느낀 독일은 봉쇄조항 중 지역구 3석 이상의 조건은 제외시키고 정당 득표 5% 이상의 정당에게만 균형의석을 배분하는 등 당선자 수를 줄이는 선거법 개정을 시도하였으나 정작 2021년 선거에서는 전례가 없는 대규모의 추가 의석이 발생하였다. 이에 선거제도개혁위원회는 초과의석 및 균형의석 배정을 완전히 없애고 지역구 의석을 276석으로 줄이는 반면 총 정원을 다소 늘려 630석으로 고정시킨 새로운 선거제도 개혁 방안을 제출하였다. 그리고 630석 중 무소속 당선자를 제외시킨 나머지 의석은 5% 이상의 정당 득표율을 확보한 정당에게만 의석을 배분하는 방식을 취하였다. 이에 따라 정당 득표율 5%의 기준을 충족하지 못한 정당은 지역구에서 당선시킨 의석이 모두 무효화된다. 5%의 기준을 충족한 정당이 지역구에서 자신의 후보를 당선시키더라도 지역구 당선자 수가 소속 정당의 정당 득표율이 허용하는 총수를 상회할 경우 지역구 득표율의 역순으로 당선을 철회시키는 방법을 적용함으로써 630석의 의회 정원을 수호한다.

3당의 연정으로 시작한 올라프 숄츠Olaf Scholz 내각이 사민당과 자유민주당의 갈등으로 붕괴되면서 2025년 2월에 치러진 조기 의회 선거는 애초의 개혁안과는 다소 다른 과도기적 방식으로 진행되었다. 연방헌법재판소의 판결에 따라 이 선거에서는 지역구 3석 이상을 확보한 정당이 정당 득표율 5%의 기준을 충족하지 못할 경우라도 정당 득표율에 상응하는 정당 비례 의석을 배분할 계획이었으나 이 조건을 만족한 정당은 없었다. 조건을 만족한 정당이 있었다면 2025년 선거에서 630석의 의회 정원은 지켜지지 못했을 것이다.

독일의 선거 방식 변경은 준연동형이라는 형태로 독일식 제도를 적용 중인 우리의 선거제도에도 영향을 미칠 수밖에 없다. 독일의 과거 연동형 비례대표제의 문제점이 부각되어 독일이 자체적 제도 수정을 한 상황에서 한국이 독일의 과거 제도를 계속 유지하기는 어려운 상황이 되었기 때문이다. 독일의 연동형 제도를 부분적으로 받아들인 우리나라 선거에서 발생한 문제점은 독일이 경험한 것보다 훨씬 더 치명적인 것이었다. 우리의 양대 정당이 전략적 차원에서 선거기간 동안 유사 정당을 일시적으로 창당하는 편법을 감행했기 때문이다.

실패가 예견된
한국의 비례연동제

유럽에서 가장 민주적이면서 안정적인 정당 정치를 장기간 구현해 온 대표적 국가가 독일이었기에 독일의 선거제도에 대한 선망과 더불어 이를 도입하려는 노력이 우리 사회에서도 꾸준히 개진되었다. 2020년의 21대 국회의원 선거를 기점으로 국회는 소선거구 다수대표제의 비례성 왜곡을 완화시키며 소수당들의 형평성 있는 의석 배분을 도모한다는 취지하에서 독일의 연동형 비례대표제를 부분적으로 도입하였다. 21대 총선에서는 비례연동제가 47석의 비례대표 의석 중 30석에만 제한적으로 적용되었고, 2024년의 22대 총선에서는 254석의 지역구 의석을 제외한 46석의 비례 의석 전체로 확대되었다.

연동형 비례 의석 배분 시 봉쇄조항은 정당 득표율 3% 또는 지역구 의석 5석으로 설정되었다. 봉쇄조항이란 정당이 비례 의석을 배분받기 위해 충족해야 할 조건을 의미한다. 다시 말해, 정당 득표율이 3% 이상이거나 지역구에서 최소 5명의 의원을 당선시킨 정당만 비례 의석 배분의 자격을 확보하게 된다. 이러한 조건을 충족하지 못한 정당은 비례

의석 배분에서 제외된다. 22대 총선의 경우 더불어민주당, 국민의 힘, 조국혁신당, 개혁신당 등 4개 정당만이 이 조건을 충족하여 비례 의석을 배분받았다. 아래 도표는 22대 총선에서 각 정당이 확보한 의석수를 정리한다.

22대 국회의원 선거 의석 배분

정당	지역구 의석	비례 득표율	봉쇄조정 득표율	비율 의석*	연동 의석**	50% 연동	CAP 연동	총의석
더불어민주당	161석	0%	0%	0석	0석	0석	-	175석
더불어민주연합	-	26.69%	29.26%	87.78석	87.78석	43.9석	14석	
국민의힘	90석	0%	0%	0석	0석	0석	-	108석
국민의미래	-	36.67%	40.20%	120.60석	120.60석	60.3석	18석	
조국혁신당	0석	24.25%	26.58%	79.75석	79.75석	39.9석	12석	12석
개혁신당	1석	3.61%	3.96%	11.88석	10.88석	5.4석	2석	3석
새로운미래	1석	1.70%	-	-	-	-	-	1석
진보당	1석	0%	-	-	-	-	-	1석
합계	254석	92.92%	100%	300석	299석	149.5석	46석	300석

* 비율 의석=(국회의원 정수-무소속 의원 총수)×봉쇄조항 적용 후 각 정당 득표율
** 연동 의석=비율 의석-지역구 의석

각 당에 배분되는 연동제 비례 의석의 배분 방식은 약간의 산술적 계산을 요구한다. 우리는 이에 대한 상세 논의는 진행하지 않고, 이들 계산을 토대로 한 결과를 위 도표에 정리한다. 독일의 경우 연방하원의

의석 전체에 대해 비례연동제를 적용시키는 반면 우리의 국회의원 선거는 비례대표 의석인 46석에 대해서만 적용시킨다. 이 때문에 비례연동제를 도입했다고는 하지만 독일형 비례대표제의 본래 취지와는 거리가 멀다. 연동제라는 어휘를 사용하기는 하지만 소선거구 다수대표제로 진행되는 254석의 지역구 의석과 정당 득표의 비례에 따라 할당되는 46석의 전국구 의석 사이의 연동성은 사실상 거의 없다. 어차피 연동형 전국구 46석으로 지역구 254석의 선거에서 발생하는 불비례성을 해결하기에는 역부족이기 때문이다. 독일의 연동형 비례대표제의 원래 취지를 반영한다면 지역구 의석수를 줄여서 전국구 의석수를 대폭 늘려야 한다. 하지만 현직 국회의원들이 자신의 지역구가 없어질 수 있는 지역구 의석수 줄이기에 동참하기를 기대하는 것은 현실성이 그리 높지 않다. 지역구 의석수를 줄이지 않는 상태에서 실행되는 비례연동제가 비례성 제고에 큰 효과를 내기는 어렵다.

앞서 독일형 비례대표제 논의에서 지적되었던 것처럼 이 제도의 문제점은 상당수의 초과의석과 균형의석이 발생할 수 있다는 점이다. 우리나라는 이러한 문제점을 막기 위한 조치로 '반연동제'라는 생소한 어휘의 제도를 만들어냈다. 이 제도는 46석의 의석을 정당 득표율에 따라 비례 배분하는, 이른바 CAP 연동제를 적용시키는데 이는 독일형 비례대표제의 실행 취지를 더욱 반감시킨다.

독일형 연동 비례제 도입의 가장 큰 문제는 각 당이 유권자의 전략적 투표 행위를 극대화시키는 편법을 감행하도록 만든다는 점이다. 위 도표에서 보듯이 거대 양당인 더불어민주당과 국민의힘은 비례연동제 적용에 따른 의석 감소를 피하기 위해 선거 시기 동안에만 일시적으로 각자의 유사 정당을 만들었다. 더불어민주당과 국민의힘은 지역구 의원 선거에만 자신의 후보들을 내보내고, 정당 투표로 결정되는 전국구 의원 선거에는 자신들의 임시 정당을 등록하였다. 거대 양당의 이러한 전략은 비례성을 높이기 위한 취지로 도입된 비례연동제를 무력화시켰다. 양대 정당이 동원하는 편법적 유사 정당 만들기 전략하에서 연동제 도입은 전혀 효과를 가질 수 없었다. 연동제가 도입되기 이전에 존재했던 전국구 비례대표제 방식을 22대 선거에 적용시킬 경우 두 개 거대 정당이 획득하는 의석수는 반연동제 도입 이후의 결과와 거의 동일하다. 이는 비례연동제의 도입이 아무런 비례성 개선 효과를 주지 못했음을 의미한다. 나아가서, 의석 확보에 혈안이 된 두 개 거대 정당이 유사 정당의 창당이라는 비민주적 편법을 감행하도록 만든 결과만을 초래하였다.

독일형 비례연동제의 도입 시 발생할 문제점은 충분히 예상 가능한 일이었다. 그런데도 제도 개혁이라는 미명하에 어이없는 방안이 제시된 셈이었다. 제도적 개혁을 진행하기 전에는 반드시 제도의 특성과 운영 방식 등에 대한 정확한 이해가 선행되어야 한다. 하지만 우리의 정치권은 이를 간과하였다. 선거제도 개혁을 꾀한다면서 새롭게 채택되는 선거제도에 대한 정확한 이해 자체가 수반되지 않은 것이다.

2025년의 연방 하원 선거에서 독일이 자신들의 제도를 변경함에 따라 우리의 준연동형 제도 또한 논란의 도마 위에 올라갈 것임은 명백하다. 독일의 새 제도에 맞추어 우리 제도를 변경하는 순간 지난 선거와 같이 양대 정당이 자신들의 유사 정당을 만드는 전략적 행위를 지속하기는 힘든 상황이 초래된다. 22대 국회의원 선거에서 '국민의미래'와 '더불어민주연합'은 각기 18석과 14석의 비례 의석을 편법으로 확보하였다. 새로운 독일식 연동제가 적용된다면 이들 두 유사 정당이 자체적으로 5% 이상의 정당 득표율을 확보하지 않는 한 비례 의석은 배당받을 수 없다. 5% 이상의 정당 득표를 확보하기 위한 또 다른 편법이 감행될 여지는 존재한다. 하지만 이러한 편법이 새로운 논란을 초래할 것이고, 양대 정당이 편법을 수행하는 정치적 부담이 가중될 것임은 자명하다. 만약 양대 정당이 편법을 포기한다면 소수당에 할당되는 의석 배분의 형평성은 다소 개선될 것이다. 하지만 양대 정당들이 과연 이를 수용할까? 아마도 과거의 비연동형 전국구 비례대표제 방식으로 환원하자는 주장이 목소리를 키울 것이다.

허위적
상관성

　　　　　　　정당이 제시하는 정당명부에 대한 유권자의 통제력을 확대하기 위한 여러 방안이 시도되고 있음에도 불구하고 비례대표제는 후보의 책임성 내지는 대표성이란 측면에서 그 한계를 노정한다. 독일형 비례대표제와 같이 연방하원의 반수(2025년 개혁 이후는 43.8%)는 유권자들이 직접 선택하는 소선거구 다수대표제를 도입했다고 하지만, 나머지 반을 결정하는 정당명부의 위력은 지속적인 논란을 야기할 수 있다. 비례대표제를 채택할 경우 민주적이고 형평성 있는 정당명부를 확보하기 위한 당내 민주화는 첫 번째 요건을 구성한다.

　　현재 세계에서 가장 민주적인 정치 시스템을 운영하는 대다수 국가는 서구 유럽에 위치하며, 이들은 비례대표 선거제도를 채택하면서 의원내각제를 운용한다. 선진 민주적인 정치와 비례대표제에 기반한 의원내각제 운용 사이의 상관성은 상당히 높다고 해도 과언이 아니다. 그렇다면 선진 민주적인 정치를 지향하는 국가는 비례대표제에 기반한 의원내각제를 채택해야 할까? 다시 말해, 비례대표제에 기반한 의원내각제를 채택하면 선진 민주적인 정치가 달성될 수 있을까? 이에 대해 "예"라는 답을 내기는 힘들다. 이 두 변수 사이의 높은 상관성에도 불구하고 둘 사이의 인과성이 쉽게 확보되지 않기 때문이다. 여기에는 사회과학자들이 말하는 '허위적 상관성spurious relationship'의 문제가 나타난다.

허위적 상관성은 두 개의 변수 사이에 상관성이 있는 듯 보이지만 실제는 상관관계가 제3의 변수로 인해 야기된 것이거나 단순 우발적인 현상일 경우를 칭한다. 허위적 상관성의 고전적 사례 하나를 들어보자. 1900년대 초 미국 동북부 뉴잉글랜드 지역의 성직자 월급 추이를 살펴보니 쿠바산 럼주의 가격 추이와 놀랄 만큼 일치한다는 사실이 발견되었다. 성직자의 월급이 오르면 쿠바산 럼주의 가격이 상승하고, 반대로 월급이 떨어지면 쿠바산 럼주의 가격은 하락하였다. 이러한 상관성은 일시적인 것이 아니라 장기간 목격되고 있었다. 당시 쿠바산 럼주는 일반 럼주와는 달리 고급의 향과 풍미를 지닌 프리미엄 럼주로 수입산인 만큼 높은 가격을 자랑하고 있었다. 뉴잉글랜드 지역에서 이 럼주를 유독 선호하는 이들은 성직자들로 알려졌고, 따라서 성직자들의 월급이 오르면 이들의 쿠바산 럼주 수요가 늘면서 쿠바산 럼주의 가격이 오른다는 경제학적 분석이 이루어졌다.

하지만 이러한 분석에 대해 의구심을 가진 이들이 존재하였다. 이들은 성직자들이 아무리 쿠바산 럼주를 좋아해서 즐겨 마셨다고는 하지만, 성직자들의 월급 상승으로 인한 쿠바산 럼주 소비 증가가 과연 뉴잉글랜드 지역의 쿠바산 럼주의 전체 가격까지 영향을 미칠 수 있는지에 의문을 제기했다. 즉, 성직자들의 월급 상승은 뉴잉글랜드 지역의 쿠바산 럼주 가격의 변동을 이끄는 인과 변수가 될 수 없다는 것이었다.

　차후에 확인된 바에 의하면, 성직자의 월급과 쿠바산 럼주의 가격 사이에는 인과관계가 존재하지 않았다. 이들 두 개 변수가 깊은 상호 연관성을 가진 것처럼 보이도록 한 요인은 제3의 변수인 뉴잉글랜드 지역의 경제 상황이었다. 지역경제 상황이 좋아지면 신도들의 기부금이 증가하고 이에 따라 성직자의 월급은 상승한다. 지역경제가 활성화된 상황에서 사치품이라고 할 수 있는 수입산 쿠바 럼주의 소비도 늘어나게 되고 이것이 럼주 가격의 상승을 초래한다. 반대로 지역경제가 위축되면 성직자의 월급 하락과 쿠바산 럼주의 가격 하락이 동시에 발생하게 된다.

　비례대표제에 기반한 의원내각제 운용과 선진 민주적인 정치 사이에도 유사한 관계가 형성된다. 비례대표제에 기반한 의원내각제를 운영하는 대부분의 비유럽권 국가는 독재국가의 형태를 띠거나 아니면 매우 불안정한 후진적 정치 양태를 표출한다. 왜 그럴까? 비례대표제에 기반한 의원내각제가 정상적으로 기능하기 위해서는 정당 민주화가 필요하고, 정당 민주화는 사회 전반적인 민주화가 이루어졌을 때 가능하다. 민주주의 문화가 사회 전반적으로 정착하지 않은 국가에서 내실 있는 정당 민주화가 이루어질 가능성은 희박하다. 특정인이나 특정 세력이 당을 장악하고 선거에 임해서 정당명부를 자신의 측근들로 채우는 당내 정치가 만연한 곳에서 선진 민주적 정치를 기대하는 것은 불가능하다.

앞선 쿠바산 럼주의 사례에서도 보듯이 비례대표제에 기반한 의원내각제가 원활하게 작동하려면 정당 민주화와 이를 뒷받침하는 사회 전반적인 민주화가 필요하다. 정치 제도만큼이나 정치인과 시민의 의식 수준 등 비제도적인 조건이 충족되지 않은 상태에서 높은 민주화의 달성을 기대하기는 힘들다. 다시 말해, 비례대표제에 기반한 의원내각제 운용과 선진 민주적 정치라는 두 개 변수에 영향을 미치는 제3의 변수는 사회 전반적인 민주주의 문화의 정착이다. 민주적 의식과 관행 등 민주주의 문화가 정착되지 않은 상황에서 비례대표제에 기반한 의원내각제의 원활한 작동은 기대하기 힘들며 선진 민주적 정치는 당연히 달성 불가능하다.

의원내각제는
효율적 대안인가?

의원내각제가 제왕적 대통령제의 대안이 된다는 주장의 궁극적 근거는 대통령과 수상이 지니는 국민 대표성의 차이에 있다. 국민투표에 의해 당선된 대통령이 국민의 직접 대표성을 주장할 수 있는 데 반해, 수상은 자신이 소속된 정당이 확보한 국민 대표성을 그 정당의 대표로서 행사하는 만큼 직접적인 대표성은 결여한다. 의원내각제의 수상이 국민으로부터 직접 선출된 대통령제의 대통령과 동일한 자격과 권한을 주장하는 데는 한계를 갖는다. 나아가서, 의원내각제의 특성상 연정의 상황이 요구될 경우 수상은 여타 여당과 권력 배분을 진행해야 한다. 이는 통상적으로 의원내각제의 수상이 대통령처럼 제왕적인 영향력 행사나 독재를 도모할 여지가 낮다는 것을 의미한다.

하지만, 영국의 의원내각제 같은 경우 소선거구 다수대표제라는 선거제도의 특성상 선거 결과가 양당제 형태로 나타나고, 다수당은 통상 의회의 과반 의석을 확보한다. 한 개 정당이 입법부의 다수당을 점하면서 동시에 행정부의 내각을 점하게 되는 영국의 정치 구도에서 권력 분립을 기대하기는 힘들다. 특히 수상의 임기 제한이 없는 경우 수상의 장기 집권이 야기되기도 한다. 그래서 일부 의원내각제 국가에서는 리더십의 원만한 순환을 위해 수상의 임기를 법적으로 제한해야 한다는 의견이 제기되기도 한다.

강력한 수상의 권력을 허용하는 영국형 의원내각제와는 달리, 일본이나 과거 이탈리아형 의원내각제는 다양한 계파 간 연합으로 형성된 정당이 수십 년에 걸쳐 일당 지배의 상황을 구축하기도 한다. 이념적으로 이질적인 계파 간 정치 단합을 꾀하는 이른바 '계보정치' 혹은 '막후정치'는 민주주의의 원활한 작동을 저해한다. 당내 주요 직책이 계파 간 세력 관계에 의해 배분되고, 계파의 영향력이 동원 가능한 정치 경제 자원으로 결정되는 정치 환경에서 권력 부패는 회피할 수 없는 특성이 된다.

　이러한 사례를 제공하는 것이 일본의 의원내각제이다. '1955년 체제'의 성립 이후 일본 정치는 보수적인 계파 연합 형태의 자유민주당(자민당)에 의해 긴 시간 동안 이끌려왔다. 압도적 정치 주도권을 지닌 여당과 무력한 야당의 상황을 대변하는 '1.5당 제도one and a half party system'가 일본 정치의 특성을 구성해 왔다. 의원내각제로의 전환을 주장하는 이들이 일본의 의원내각제를 염두에 두고 있다면 이는 적절한 시각이 아니다. 오도된 의원내각제의 운용은 제왕적 대통령제만큼이나 비민주적 결과를 초래할 수 있음을 유의할 필요가 있다.

　의원내각제의 취지와 운용 형태를 고려할 때 비례대표제가 가장 잘 호응할 수 있는 선거제도임은 의문의 여지가 없다. 문제는 비례대표제의 민주적 운용이 결코 쉽지 않다는 사실이다. 지역구 공천권을 따기 위해 금품이 오가거나 비례대표제 순번을 놓고 거액의 정당 후원금을 요구되는 관행이 완전히 소멸되었다고 보기 어려운 우리나라 정당들의 양태를 고려할 때 비례대표제의 정당명부 순서 결정 과정에서 발생할 수 여러 문제점은 의원내각제로의 전환에 대한 부정적 시각을 조성한다.

　우리나라에서 가장 많이 논의되는 독일형 비례연동제가 도입될 경우 초과의석이나 균등의석 문제가 커다란 장애물로 존재한다. 최근 수정된 독일식 비례연동제를 채택하더라도 의석수 극대화를 위해 유사 정당까지 조직하는 우리나라 정당들의 행태를 감안하면 전략적 투표에 여전히 취약하다는 문제점이 지적된다. 우리의 정당들은 비례연동제가 적용되는 46석의 전국구 의석 분배에도 편법적 술수를 동원하였다. 300석 전체에 대해 비례연동제를 적용시킬 때 발생할 수 있는 문제점들을 과연 우리 사회가 감당할 수 있을지는 의문이다. 비례대표제를 토대로 한 의원내각제로의 전환을 주장하는 이들이 간과하는 사실은 우리 정치의 현주소를 감안하지 않는 제도 개혁은 도리어 역기능적일 수 있다는 점이다.

대통령의
탄생

국민 대표성과 사법부 지위

우리 헌법은 국회의 대통령 탄핵소추가 이루어질 경우 헌법재판소에게 탄핵의 최종 판결을 내리도록 규정하고 있다. 헌법재판소를 구성하는 9인의 재판관은 대통령과 국회 및 대법원장이 각 3인씩 추천하고 이를 최종적으로 대통령이 임명하는 형태를 취한다. 대통령과 여당의 추천 몫이 9인 중 최소 4~5인이 되는 상황을 감안할 때 대통령 탄핵을 인용할 6인의 헌법재판관 확보는 현실적으로 쉽지 않은 일이다. 이는 국회에서 대통령 탄핵소추가 설령 이루어진다고 할지라도 탄핵안의 헌법재판소 통과가 결코 수월하지 않음을 의미한다.

국민을 대표하는 기관인 국회가 재적의원 3분의 2라는 압도적 다수의 동의로 대통령에 대한 탄핵 결정을 내렸는데 임명된 권력인 헌법재판소가 이를 추가적으로 심사하고 또한 국회의 결정을 뒤집을 수 있다는 것이 과연 적절한 것일까? 국민 대표성을 보유하지 않는 헌법재판소가 국민 대표성을 보유한 국회의 결정을 무력화시킬 수 있다는 것은 민주주의의 기본 원리에도 부합하지 않는다. 특히나 헌법재판관의 구성 자체가 원천적으로 대통령에게 매우 유리한 상황에서 이루어지는 헌법재판소의 탄핵 심사가 합리성을 가질 수 있을까?

대통령 탄핵은 대통령과 국회 사이에서 국민 대표성을 둘러싼 정치적 충돌임을 앞서 설명한 바 있다. 헌법재판소는 대통령이 파면될 탄핵 사유가 헌법과 법률에 근거하여 중대한지를 법적으로 판단하는 역할을 수행하도록 요구받는다. 문제는 대통령과 국회 사이에 국민 대표성을 둘러싸고 벌어지는 정치적 논쟁이 법리적 판단으로 답해질 수 있는가이다. 국민 대표성을 둘러싼 정치적 논쟁에서 헌법재판소는 도대체 무엇을 법리적으로 추론한다는 것인가? 설령 일부 법리적 추론의 영역이 존재한다고 할지라도 그 추론이 국민 대표성을 지닌 국회의 압도적 결정을 파기시킬 만큼 충분한 정당성을 제공할 수 있을까?

경쟁하는
국민 대표성

대통령의 탄핵은 대통령이 법을 위반하거나 직무를 제대로 수행하지 못할 경우 직무에서 물러나게 하는 것이다. 이는 국민 대표성을 보유한 주체라고 할지라도 민주적 법치의 원리를 위반하고 권력을 남용할 경우 국민은 위임된 권력을 회수할 수 있다는 논리에 근거한다. 헌법상으로 대통령의 탄핵을 진행할 수 있는 유일한 주체는 또 다른 국민 대표성을 보유한 국회이다.

　대통령과 국회가 국민 대표성을 두고 충돌할 때 헌법상의 명확한 규정이 없다면 이를 해결하는 현실적 절차는 국민의 의사를 다시 묻는 것이다. 의원내각제하에서는 내각에 대한 불신임이 이루어질 때 통상 조기 선거의 형태를 통해 국민의 의사를 묻는 공식적 절차를 수행한다. 대통령과 입법부의 두 주체가 서로 자신들이 더 높은 국민 대표성을 보유한다고 주장하는 상황에서 이를 궁극적으로 해결하는 방안은 국민투표를 통해 국민의 의사를 재확인하는 것이다. 하지만 국민투표는 시간적 준비 기간과 높은 시행 비용을 수반하고, 아울러 투표를 앞두고 벌어지는 대통령과 국회 간의 갈등 고조와 이로 인한 국민 분열 등 여러 문제를 유발한다.

　두 개의 국민 대표성이 양립하는 대통령제는 대통령과 국회가 충돌할 경우를 상정하여 통상 그 해결 방안을 헌법으로 명시한다. 미국 헌법 1조 3항은 상원 재적의원 3분의 2의 동의가 확보될 경우 대통령 탄핵이 이루어질 수 있음을 규정함으로써 이 경우 의회의 국민 대표성이 대통령의 국민 대표성에 우선함을 확인시킨다. 우리 헌법 또한 의회 재적의원 3분의 2의 동의가 이루어질 때 대통령의 탄핵소추를 허가한다. 단원제인 우리 국회에서 3분의 2의 탄핵 지지를 확보하는 것은 미국처럼 상원에서만 3분의 2의 지지를 확보하는 것보다 더 충족되기 어러운 조건이다. 미국의 대통령들이 탄핵을 피하는 실질적 방어기제는 상원에서 최소한 3분의 1의 탄핵 반대 의원을 자기편에 두는 것이다. 상원에서 3분의 1의 탄핵 반대 의원이 확보되지 못할 경우 대통령은 탄핵에 직면하고, 이때 상원의 결정은 최종적이다. 막대한 영향력을 보유한 사법부가 존재하는 미국에서도 대통령과 국회 간의 국민 대표성을 둘러싼 충돌과 관련하여 사법부의 의견이나 판단은 요구되지 않는다. 이는 국민 대표성을 지니지 않는 사법부가 국민 대표성의 논의에 간여하는 것이 적절하지도 않고, 또한 사법부의 법리적 해석이 탄핵 판단의 효과적이고 신뢰할 수 있는 근거가 되기 힘들다는 시각에 근거한다.

국민 대표성을
결여한 사법부

대통령 탄핵과 관련하여 우리의 헌법재판소는 무엇을 판단한다는 것일까? 헌법재판소의 역할이 국민투표를 대신하여 국민 여론의 대세를 파악하는 것은 아닐 것이다. 헌법재판소의 법리적 해석이 국민 의사의 판단을 목적으로 한다고 생각하기는 힘들다. 국민 대표성을 둘러싼 정치적 충돌에 대해 헌법재판소가 법리적 판단을 주도한다는 것은 논리적으로나 현실적으로나 설득력을 갖기 힘들다. 아울러, 대통령과 국회에 의해 임명된 헌법재판소 재판관들의 판단이 객관적으로 이루어질 것이라는 보장도 존재하지 않는다.

　권력분립의 원칙하에서 우리는 통상 사법부를 국가 권력의 한 축으로 구분하며, 사법부가 입법부 및 행정부와 더불어 상호 견제와 균형의 기능을 수행한다고 믿는다. 사법부는 국가 권력의 기능적 역할 구분이라는 시각에서 볼 때 법의 해석을 담당하는 주체이다. 하지만 이러한 역할 수행 여부는 사법부가 입법부나 행정부와 동일한 수준의 권력을 갖는 것을 의미하지는 않는다. 다시 말해, 삼권분립의 취지는 국가 권력을 3개의 상이한 기능적 역할을 하는 부서로 분리시키지만, 이들 부서에게 동일한 수준의 국가 권력이 할당되는 것을 의미하지는 않는다.

　의원내각제하에서 국가 권력은 국민 대표성의 유일한 주체인 의회에 집중된다. 많은 의원내각제 국가에서 국민 대표성을 지니지 못하는 사법부가 입법부의 법률적 행위에 대해 판단하는, 이른바 사법심사 권리는 허용되지 않는다. 민주주의의 기본 원칙은 국민을 대표하는 기관은 국민의 의사를 지속적으로 수렴하여 반영하고 궁극적으로 국민에게 책임을 질 수 있어야 한다는 것이다. 대통령이 이끄는 행정부와 의원들이 이끄는 입법부는 국민과의 다양한 소통 채널을 유지한다. 국민의 의견이 다양한 경로로 투입되면 이를 반영한 정책안과 입법안이 마련되고, 이에 대한 국민의 의견이 피드백의 메커니즘을 통해 재투입되는 과정을 통해 이들 부서는 국민 의사를 반영하는 임무를 수행한다.

　그리고 궁극적으로 정기적 선거에 의해서 자신들의 임무 수행 여부를 평가받는다. 국민에 대한 직접적 책임성은 국민 대표성의 핵심적 요건이다. 대통령제하에서 국가 권력은 국민 대표성을 지닌 대통령과 의회가 주도한다. 대통령제 아래 삼권분립하에서도 국민 대표성을 지니지 못하는 사법부의 권한이 대통령이나 의회와 결코 동일할 수는 없다.

국민 대표성이 없는 사법부가 민주주의 체제 안에서 어디까지 역할을 수행해야 할지는 지속적 논란의 대상이 되어 왔다. 사법부의 주 임무가 법의 해석이라면 사법부는 입법부가 제정한 법에 대해 그 입법 취지와 내용에 최대한 충실한 법의 해석을 시도해야 한다. 사법부가 만약 이러한 역할을 넘어서 자의적인 법의 해석을 무리하게 시도할 때 민주주의의 기본 원칙은 손상된다.

사법부의 해석이 입법부의 입법 취지와 내용을 과도히 벗어날 경우, 이는 법의 해석이 아니라 새로운 법의 창설이 된다. 즉, 국민 대표성이 없는 사법부가 국민 대표성을 지닌 의회에게만 부여된 입법의 역할을 임의적으로 수행하는 결과를 초래한다. 이 장에서 우리는 사법부의 적정 역할, 나아가서 대통령 탄핵 이슈와 관련한 헌법재판소의 적정 역할이 무엇인지를 논의한다. 이 논의를 시작하기에 앞서 우리가 흔히 혼동하는 정치와 법의 관계에 대해 간략히 살펴보자.

법은
정치에 우선하는가?

어떤 이들은 민주주의 국가에서 법은 정치에 우선한다고 말한다. 이 말은 예전에 판사 출신의 어떤 대통령 후보도 주장한 바 있다. 이 주장이 과연 옳은 것일까? 만약에 정의롭고 형평성 있는 법이 존재하지만 권위주의적 독재자나 혹은 혼탁한 정치 상황이 법치주의를 무력화한다면 이는 부분적으로 맞는 말일 수 있다. 하지만 우리 사회의 법이 항상 정의롭고 형평성을 지닌다고 말할 수 있을까? 우리의 법은 누가 만드는가? 민주주의 국가에서 입법 기능을 가진 공식적이고 실질적인 주체는 입법부인 의회이다. 입법의 기능이 워낙 중요하다고 믿기 때문에 모든 민주주의 국가에서는 국민이 입법부 의원을 선거를 통해 직접 선출하도록 규정한다.

근대 이후 서구 민주주의의 발전 과정은 사실상 입법의 역할을 어느 특정 세력 혹은 어느 계급이 주도하느냐의 이슈와 함께해 왔다. 그리고 법을 만드는 입법부의 막대한 권력을 어떻게 통제하는가가 추가적 이슈를 구성해 왔다. 신분제가 존속하던 근대 초기에 입법부는 상이한 신분 계급들이 각기 상·하원을 장악한 형태를 취하였다. 이후 대중민주주의로의 진전에 따라 입법부의 권한은 시민계급을 대표하는 하원에 집중되었고, 이에 따라 다수의 서구 국가에서 상원은 폐지되거나 아니면 현재 상징적 역할만을 수행하는 기구로 남게 되었다.

대통령제의 권력 구조를 가진 국가에서는 대통령을 별도로 선출하여 그에게 국민 대표성을 부여함으로써 입법부의 거대 권력과 경쟁하고 견제할 수 있는 구도를 창출한다. 반면, 의원내각제의 권력 구조는 입법부의 막강한 권력을 용인하는 대신, 입법부 안에서 활발한 경쟁, 견제 및 타협을 유도함으로써 특정 정당이나 정파가 입법부를 독점하는 것을 막는 데 주력한다. 이는 의원내각제가 권력 분립이나 견제 및 균형의 기능을 입법부 안에 내재화하고 있음을 의미한다. 이때 입법부 내 특정 정당이나 정파의 지배적 권력을 제한하는 실질적인 조치는 입법부 자체의 규정이라기보다 입법부 의원을 뽑는 선거제도인 비례대표제를 통해 이루어진다.

앞서 듀베르제의 법칙에서 확인되었듯이 비례대표제는 다당제의 형성을 돕는 경향을 지닌다. 이는 비례대표제하에서 특정 정당이 입법부 의석의 과반수를 장악하는 것이 결코 쉽지 않음을 의미한다. 따라서 재적의원 과반수의 지지를 필요로 하는 내각이 구성되려면 다수당의 자체 의석만으로는 불가능하며, 타당과의 타협과 협력을 통한 연정이 요구된다. 이 점에서 비례대표제 의원 선거는 입법부의 권력 분산에 중요한 역할을 수행한다.

소선거구 다수대표제를 통해 의원내각제를 운용하는 영국이나 기타 영연방 국가들의 경우 이러한 권력 분립의 내재적 메커니즘이 작동하지 않는다. 이들 국가에서 수상 혹은 단일 여당의 권력 독점을 막는 것은 제도적 장치가 아니라 수상이나 여당 지도부의 민주적인 리더십이다. 민주적인 리더십 전통과 이러한 전통을 지원하는 높은 시민 의식과 사회문화 수준이 확보되지 않으면 수상이나 여당의 독점적 권력 행사는 막기 어려워진다. 영국식 의원내각제는 정치적으로 안정된 민주주의 국가에서는 대체로 원활하게 작동할 수 있지만, 만약 비민주적 권력 행사가 돌발적으로 발생할 경우 이에 대한 효율적 대처가 제한적이라는 제도적 약점을 보유한다.

미국과 같이 연방제를 운영하는 현대의 대다수 국가는 양원제를 채택한다. 이들이 양원제를 운용하는 주 목적은 연방에 소속된 지역들의 대표성과 독립성을 보호하는 데 있다. 흥미로운 사실은 미국의 건국 엘리트들의 경우 양원제의 수용에 또 다른 의도를 가지고 있었다는 점이다. 이들은 법을 만드는 입법부의 권력이 타 부서에 비해 압도적일 수밖에 없다고 믿어 의심치 않았다. 더불어 대통령을 별도로 선출하는 대통령제를 도입했지만, 대통령의 권력이 의회의 권력을 충분히 견제할 수 있다고 생각하지 않았다.

연방정부보다 주정부의 역할을 중요시하던 건국 초기에는 주정부의 대표들이 모인 연방의회의 권력이 대통령의 권력보다 앞설 수밖에 없었다. 알렉산더 해밀턴 등 소수의 엘리트가 사법부의 향후 권력 확대 가능성을 언급하며 사법부가 입법부를 견제할 수 있다는 시각을 펼치기도 하였지만, 실제로 이 가능성을 믿는 이들은 드물었다. 대통령과 사법부 양자가 거대 권력을 보유한 입법부를 효율적으로 견제할 수 없다는 판단 속에서 힘을 얻은 구상안이 양원제였다. 양원제는 입법부의 권력을 둘로 쪼개어 분산시키는 한편, 상하원 간의 상호 견제를 유도함으로써 입법부의 전횡을 막기 위한 조치이기도 했다.

만약 입법부가 항상 정의롭고 형평성 있는 법만을 제정한다면 우리가 입법부의 전횡을 우려할 염려는 줄어들 것이다. 입법부가 좋은 법을 만들면 사법부는 제정된 법의 취지에 따라 적절한 해석을 수행하면 되는 것이고, 이것이 법치주의의 기본 취지다. 법치주의는 사회 구성과 작동이 법이 정한 바에 따라서 이루어지는 것을 표방한다. 문제는 우리가 사는 현실 세계에서 입법부가 제정하는 법이 항상 정의롭고 형평성 있는 법이 아니라는 사실이다. 설령 입법부가 정의롭고 형평성 있는 법을 제정했다고 할지라도 시대와 사회 상황의 변화에 따라 이 법이 더 이상 정의롭고 형평성 있게 기능하기 어려워질 수 있다.

민주주의 사회에서 입법의 역할은 국민이 직접 선출한 입법부에게 부여된다. 우리의 정치 현실에서 입법부 의원들이 얼마나 국민 의사에 배치되는 입법 행위를 거리낌 없이 행하는지를 냉소적으로 지적하며 국민의 직접 선출이라는 의미를 축소하는 이도 있을 것이다. 국민이 직접 선출한 의원들이 신뢰가 가지 않는 경우 그 대안은 무엇인가? 선거를 통해 책임을 물을 수도 없는 특정 조직이나 단체에 입법의 역할을 맡기는 것이 합리적일까? 선거에서 유권자의 잘못된 선택이 국민 의사를 무시하는 당선자로 이어지는 것은 민주주의 사회에서 선거가 수반하는 불가피한 위험비용이다. 그럼에도 국민의 직접 선출은 입법부 의원들이 국민과 가장 가까이에서 국민 의사를 대변하게 만드는 제도적 고안이다. 따라서 국민 대표성을 보유한 입법부의 입법 행위는 민주주의 정치의 가장 핵심적인 요소이다.

미국의 정치학자 데이비드 이스턴David Easton은 정치란 사회 내의 모든 가치를 권위적authoritative으로 배분하는 것이라고 정의한다.[8] 여기에서 권위적이란 권위주의적authoritarian이라는 개념과는 차별화된다. 권위주의적이란 통치자의 자의적이고 강압적 결정을 토대로 함을 의미한다. 반면 권위적이라 함은 사회 구성원 사이의 기본적 동의가 확보되고 정당한 절차에 따라 진행됨을 의미한다. 따라서 민주주의 사회의 권위적 배분은 피통치자의 동의와 합법적 절차의 조건을 충족한 배분 방식으로 규정된다.

이스턴의 개념을 연장해 해석하면, 민주주의 사회는 사회 내 모든 가치를 권위적으로 배분하기 위한 규칙을 설정하는데 이러한 규칙이 법을 구성한다. 따라서 정치는 법을 만들고 수정하고 폐기하는 활동 및 과정으로 규정된다. 민주주의 사회의 모든 법은 스스로의 목적성을 가지고 자체적으로 존립하는 것이 아니라 사회 구성원들이 지향하는 사회의 달성을 위해 구성원들의 의사를 결집시키고 이를 반영하는 정치의 과정에서 만들어진다. 이는 법이 정치의 산물임을 의미한다. 민주주의 사회에서 모든 정치적 행위가 헌법적 테두리 안에서 이루어지고 정치의 게임이 법에 의해 규제된다는 사실이 법의 우위를 확인시키지는 않는다. 법이 민주적 정치를 효율적으로 지원하지 못하면 민주주의 사회는 법의 수정을 요구하게 된다. 이때 법 수정을 요구하는 사회적 동기의 응집과 수정의 실질적 절차를 진행하는 과정이 바로 정치이다.

그런데 정치가 이스턴의 정의대로 사회 가치의 권위적 배분이 아니라 권위주의적 배분을 실행한다면 어떻게 해야 할까? 수많은 형태의 비민주적 체제들은 표면적으로는 권위적 배분을 표방하지만, 실제로는 권위주의적 배분을 실행한다. 사적 권력과 이익을 추구하는 위정자에 의한 정치는 우리의 현대 정치사 속에서도 낯설지 않은 기억들로 존재한다. 정치학에서는 이러한 정치 행태를 구분하기 위해 권위authority의 개념을 권력power으로부터 구분시킨다. 권력이 타자를 압도할 수 있는 투박한 힘을 의미한다면 권위는 타자의 동의가 확보된 정제된 권력이다. 힘에만 의존하는 군부정치 혹은 독재정치도 최소한 외형상으로는 민주적 내용을 품은 법을 내세운다. 물론 그 법은 정권의 정당성을 내세우기 위한 외형상의 치장일 뿐이지만 말이다.

법이 형식과 실제에서 커다란 괴리를 나타내면 그 책임은 흔히 정치로 귀결된다. 법과는 유리된 억압적이고 부패한 정치는 법치주의의 사회적 요구를 확대시킨다. 이러한 상황에서 법은 정치에 우선한다는 주장이 이루어지기도 한다. 하지만 억압적이고 부패한 정치는 실패한 정치의 사례일 뿐이며 정치의 양태를 총괄적으로 대표하지는 않는다.
법의 제정이 결국은 정치적 행위라는 사실 또한 바뀌지 않는다.

민주주의 사회의
법치주의

법치주의는 모든 구성원에 대해 법에 따른 공평
한 대우와 처벌을 시행하는 것을 목표로 한다. 법치주의는 법의 안정성
을 최대한 보장하고자 시도하며, 이러한 안정성 속에서 구성원들은 미
래 법 적용의 예측성을 부여받는다. 법치주의는 개인의 자유와 권리나
여타 사회적 동의가 확보된 가치와 규범을 법이라는 문서적 규정으로
기술하는 것을 넘어서 실제 삶 속에서 이들 가치와 규범이 충실히 구현
되도록 일관성 있는 적용을 시도한다는 점에서 민주주의의 핵심 구성
요소 중 하나로 평가받는다.

문제는 모든 법이 시공간의 영역을 넘어 보편화될 수 있는 내용만
담고 있는 것은 아니라는 사실이다. 하늘에서 신이 던져 준 경전을 기
본법으로 수용하는 신정국가가 아닌 이상 법은 다양한 시대적, 사회적
가치와 사고들 사이의 논쟁, 타협 및 절충의 과정을 밟으면서 자신의
구체적 내용들을 변화시켜 간다. 설령 신정국가라고 할지라도 경전의
해석은 다양한 의견들 사이의 경쟁 혹은 타협 속에서 시대적으로나 사

회적으로 다른 모습을 노정한다.

　민주주의 사회에서 법이 변화하는 시대적 혹은 사회적 요구를 역동적으로 담지하지 못할 경우 민주주의와 법치주의 사이에는 갈등이 야기될 수 있다. 설령 제정 당시에는 국민적 요구를 완벽하게 반영한 법이라 할지라도 시간이 지남에 따라 기존의 법과 현재를 구성하는 사람들의 삶 사이에는 괴리가 발생할 수 있다. 과거에 아무리 민주적인 이념을 구현하고 민주적 방식으로 제정된 법이라고 할지라도 현재의 삶을 사는 사람들이 수용하기 힘들다면 그것은 더 이상 민주적인 법이 아니다.

　법치주의와 밀접하게 연관된 개념 중 하나가 헌정주의constitutionalism 이다. 헌정주의는 특정 정치체제의 이념, 양태, 작동 원리 및 방식 등을 헌법으로 규정함으로써 헌법의 테두리 안에서 모든 구성원의 정치적 삶이 구현되도록 하는 것이다. 헌법은 통상 법 체계 안의 가장 상위법으로 기능하면서 법률, 명령, 조례 등 하위법들의 내용을 규제한다. 법 체계의 안정성을 중시하는 차원에서 가장 상위법이라고 할 수 있는 헌법의 내용 변경과 관련해서는 까다로운 절차들이 부과된다. 손쉬운 헌법 개정을 허락할 경우 전체 법 체계의 빈번하고 예측 불가능한 변화들이 야기될 수 있기 때문이다. 독재자의 괴팍함이나 다수 민중의 변덕스러움 등은 법 체계의 돌발적 변화를 야기하면서 불안정성을 초래한다. 헌법 개정의 난이도를 높이는 것은 이러한 불안정성의 축소에 도움을 줄 수 있다.

　반면, 헌법의 개정을 어렵게 만들어서 과거의 헌법을 현재 사는 이들이 수정하는 데 어려움을 겪는다면 이는 헌법의 민주성을 저해한다. 현재를 사는 사람들이 자신이 지향하는 현재의 가치와 이념을 헌법에 투영시키지 못하고 과거 조상들이 지녔던 가치와 이념과 관행을 반영한 헌법 속에서 살아야 한다면 이 헌법은 비민주적인 법으로 전락한다. 헌정주의는 변덕스러운 법의 개정을 방지하며 법의 안정성과 이로 인한 사회적 예측성을 제공하는 데 도움을 줄 수는 있다. 하지만 이것은 현실과 더 이상 부응하지 않는, 과거에 만들어진 법의 준수를 현 시대의 사람들에게 강요하는 비민주적 결과를 초래할 수 있다.

　고대 그리스 이래로 민주주의는 다수의 정치가 초래하는 우민주의에 쉽게 노출된다는 비판이 주어져 왔다. 민주주의 사회의 법은 변덕스러운 다수의 요구에 민감하게 반응할 수 있다는 약점을 보유한 만큼 헌정주의를 통해 변덕스러운 법의 변경을 통제할 필요성이 강조되어 왔다. 다시 말해, 헌정주의는 사고와 행동이 투박하고 충동적인 다수의 정치에 대항하는 안전장치의 역할을 하는 것으로 인식되어 왔다. 계몽된 시민계급의 성장이 이루어지기 전까지 민주주의가 내세우는 다수의 정치는 다수 지성의 정치라기보다 우민정치로 이끌려진다는 것이 전통적 견해였다.

　민주주의는 제도의 구축만으로 현실화되지 않는다. 시민의 민주적 의식과 이것이 사회적으로 정착한 문화, 그리고 민주주의를 요구하는 실제 시민의 목소리와 행동이 역동적으로 표출할 때 민주주의는 안정화되고 진전한다. 현대 민주주의는 계몽된 유권자의 개념으로 재무장하며 자체적 정당성을 강화해 왔다. 민주주의는 다양한 가치와 이해 사이의 동태적 균형을 지향한다. 하지만 현대 민주주의가 산출하는 균형은 계몽된 유권자 보유라는 환경을 전제하더라도 항상 안정적이기는 힘들다. 다양한 가치와 이해 간 충돌은 민주주의의 동태적 균형에 끊임없는 긴장감을 산출한다. 민주주의가 수반하는 긴장감에 대한 우려 때문에 어떤 이들은 경직적인 헌정주의 도입을 선호한다. 하지만 경직된 헌정주의는 민주주의 체제의 동태성을 위축시키는 결과를 초래한다. 최악의 경우 헌정주의는 동태적이지도 못하고 균형을 확보하지도 못한 혼선의 민주주의를 노정시키고, 이러한 상황은 민주주의의 쇠퇴와 침몰을 조장한다.

　민주적 헌법이 민주주의 제도의 중요한 요건임에는 의문의 여지가 없다. 그런데 만약 헌법이 민주주의에 대한 시민의 의지와 목소리를 거부하거나 좌절시키는 형태로 기능한다면 민주적 제도로서의 헌법의 기능은 실패한다. 민주주의의 진전을 위한 사회의 역동적인 요구가 과거법을 토대로 한 법치주의에 의해 제약될 경우 민주주의와 법치주의는 실질적 갈등의 상황을 맞는다.

　우리는 다수의 정치 후진국에서 헌법이 현실과는 동떨어진 제도적 수사로 남겨진 것을 발견한다. 우리의 과거 정치사에서도 보듯, 온갖 기본권을 보장하는 헌법 조항들은 존재하지만 현실 정치는 헌법을 무력화시키는 권위주의적 통치로 귀결되는 상황은 후진국 정치의 보편적 특성이다. 준수되지 않는 헌법으로 법치주의를 강조하는 것은 비민주적 정부의 위선일 뿐이다. 실천력 없는 헌정주의가 국민의 불신과 허무만을 초래할 것임을 예견하기는 어렵지 않다.

헌정주의에 대한 우리의 논의를 정리해 보자. 헌정주의는 통상 빈번한 헌법 개정을 막기 위한 조치들을 수반한다. 올바른 정치가 이루어진다면 손쉬운 법의 개정이 문제될 여지는 없다. 올바른 정치는 필요한 법을 적시에 꾸준히 수정해 가면서 현재의 이슈들에 대응할 것이기 때문이다. 문제는 올바른 정치가 항상 구현될 수는 없다는 사실이다. 손쉬운 법 개정을 허용한 상황에서 오도된 정치는 잘못된 법들을 변덕스럽게 만들어낼 위험성을 노정한다.

반면, 완벽한 법이 상존한다면 법 개정의 제약을 강화하는 것은 문제가 되지 않는다. 하지만 우리가 사는 세계에서 완벽한 법의 상존을 기대하기는 힘들다. 완벽한 법도 완벽한 정치도 구현되지 않는 현실의 삶 속에서 헌정주의는 수정이 너무 쉽지도 않고 너무 어렵지도 않은 법 개정을 요구받는다. 그렇다면 너무 쉽지도 너무 어렵지도 않은 개정의 수위라는 것이 어떤 것일까? 말로는 간단하지만 현실의 해답은 결코 간단하지 않은 이 문제에 대해 미국의 사례를 빌려 조금 더 고찰해 보자.

미국 헌법의
난맥상

　　　　　　　미국의 건국 엘리트들은 법 개정의 난이도가 야기할 수 있는 문제점들을 인지하고 있었다. 『연방주의자 논고』 43번에서도 언급되듯이, 해밀턴과 매디슨을 비롯한 일부 연방주의자들은 이들 문제점에 대해 우려하며 꾸준한 관심을 표명했다.[9] 그들은 헌법을 너무 쉽게 개정할 수 없으면서 다른 한편으로 결함이 확인될 경우 이를 영구화하지 않고 수정할 수 있는 법 개정의 적정 수위를 찾고자 노력했다. 하지만 실제 헌법 제정 과정에서 이들의 관심과 노력은 적절히 반영되지 못했다.

　　당시 13개 주에서 파견된 73명의 주 대표들이, 그것도 실제로는 단지 55명만이 참석했던 헌법제정회의에서 대다수 참석자는 헌법 개정의 절차 문제가 향후 초래할 문제점을 심각하게 인지하지 못했다. 50개 주로 확장된 현재의 연방에서 각 주의 이해관계가 치열하게 부딪침에 따라 미국의 헌법 개정은 시간이 갈수록 더 힘들어지는 난맥상을 보이고 있다.

　　건국 엘리트들의 예상과 달리 미국의 현 헌법은 개정이 매우 어려운 결과가 초래되었다. 헌법 개정이 힘들어지면서 과거의 법이 현 시대의 삶을 규정하는 어이없는 일이 발생하고 있다. 230년 전에 만들어진 미국 헌법의 일부 구시대적 내용은 꾸준한 논란의 대상이 되어 왔다.

매번 대통령 선거가 치러질 때마다 대통령선거인단의 불합리성 문제가 지적되었지만 이를 수정하는 것은 사실상 불가능한 일이 되었다. 그간 연방의회에서 대통령 선거제도를 개혁하는 헌법 개정안이 제출된 횟수는 700회를 넘는 것으로 알려지고 있다. 이들 수많은 헌법 개정 노력은 실패했고, 또한 앞으로의 전망도 밝지 않다.

혹자는 미국의 현 대통령선거인단 제도가 가지는 일부 기능적 장점을 내세우며 이 제도를 옹호하기도 한다. 하지만 미국의 대통령선거인단 제도는 거대한 대륙을 영토로 하는 국가에서 교통이 원활하지 않던 시절에 각 주가 대표자를 수도로 보내서 이들이 대통령을 간접선거로 뽑을 수밖에 없었던 과거 역사의 잔존물 이상이 아니다. 선거인단 제도는 다수의 국민 득표를 획득한 후보가 도리어 선거에서 패배하는 비민주적 결과를 초래하며 이러한 결과는 최근 들어서 더욱 빈번하게 나타나고 있다. 대통령선거인단 제도는 상이한 주에 거주하는 유권자 표의 등가성 문제 또한 야기한다. 가령, 인구가 가장 적은 와이오밍주의 유권자는 인구가 가장 많은 캘리포니아주의 유권자에 비해 대통령 선거에서 4배가 넘는 투표권의 가치를 갖는다.[10]

이러한 문제점에도 불구하고 대통령선거인단 제도의 개정이 이루어지지 못하는 이유는 인구 비례에 따른 주들 사이의 이해관계로 인해 헌법 개정안이 50개 주 가운데 4분의 3에 해당하는 38개 주 이상의 동의를 얻지 못하기 때문이다. 연방헌법 수정안이 통과하려면 상·하원 모두에서 정족수의 3분의 2 이상의 동의가 확보되어야 한다. 더욱 까다로운 조건은 50개 주 중 4분의 3에 해당하는 주의 주의회에서 헌법 개정안이 비준되어야 한다는 것이다. 표 등가성 차원에서 큰 혜택을 가지는 와이오밍이나 알래스카 등과 같이 인구가 적은 13개가 담합하면 헌법 개정안의 통과는 원천적으로 봉쇄된다.

헌법 개정이 필요한 시점에 이루어지지 못할 경우 헌법은 시대의 변이를 좇아가지 못하는 상황이 야기된다. 법과 현실 사이의 괴리가 확대되지만, 법의 제정 기능이 제약되는 상황에서 이러한 괴리의 문제는 기존 법의 융통성 있는 해석에 점차 더 의존하게 된다. 즉, 법과 현실 사이의 괴리를 메우는 역할을 사법부가 주도하는 상황이 야기된다. 법 개정의 어려움이 국민에게 직접 책임지지 않는 사법부의 법 해석 영역을 확대하는 아이러니의 상황이 노정되는 셈이다.

사법부의 역할 확대는 정치의 영역에서 해결되어야 할 많은 사안이 법리의 해석 영역으로 이전됨을 함의한다. 하지만 법리의 해석은 본원적으로 정치적인 사안들에 대해 적절한 답변을 제공하는 데 제한적 역량을 갖는다. 낙태, 동성애, 안락사, 매춘, 사형 등 사회적 난제들은 법리적 판단으로 결론지을 수 있는 것들이 아니다. 정치적 숙고와 민주적 조율의 문제를 법리적 판단으로 대체하는 것은 통상 법리적 판단으로 위장한 정치적 판단일 뿐이다. 결국 법리적 판단의 대상이 아닌 사회 이슈들이 사법부에 맡겨지는 상황에서 사법부는 법리적 판단이 아닌 정치적 판단을 실행하는 임무를 수행한다. 사법부의 정치적 판단이 빈번해지면서 사법부 자체의 정치화는 급격히 진전된다. 연방대법원 혹은 주 대법원의 판사 임명을 둘러싼 치열한 정치적 공방은 사법부의 정치화가 야기한 미국 정치의 특성이 되고 있다. 법리라는 미명하에 정치적 판단을 수행하는 주체가 직접적인 국민 대표성을 보유하지 않는다는 사실은 미국 민주주의의 제도적 허점을 노정한다.

현재의 사람들이 왜 과거 사람들이 만든 법에 종속되어야 하는가? 현재를 사는 이들이 자신들이 지향하는 삶을 구가하지 못하고 과거의 법과 관행에 종속되는 삶을 사는 것이 민주주의가 주창하는 국민 주권의 개념과 부합하는가? 법 개정의 어려움이 입법의 기능을 담당한 의회를 무력화하고 대신 국민 대표성이 없는 사법부의 법 해석 기능을 활성화하는 현실이 정당화될 수 있을까? 법 개정의 어려움 때문에 구시대적 법들이 지속되는 상황에서 법치주의와 헌정주의가 의미를 지닐 수 있을까? 법치주의의 기치는 강화되어 왔지만 민주주의의 기본 원칙이 위협받는 미국 정치의 현주소는 우리에게도 많은 시사점을 부여한다.

미국 사법부의
성장

미국의 대통령제가 권력융합적 특성을 지닌 의원내각제와는 달리 권력분립을 강조해 왔음은 앞에서 논의한 바 있다. 사법부는 행정부 및 입법부와 더불어 삼권분립의 한 축을 담당하며 미국 정치 내에서 막대한 영향력을 행사한다. 흥미로운 사실은 사법부의 권력이 미국 헌법에 의해 규정되고 보장받는 것이 아니라는 점이다. 일부 건국 엘리트들이 사법부의 향후 권력 확대에 대해 우려를 표명하기도 했지만, 당시 사법부를 실질적 권력의 주체라고 생각한 이는 없었다. 그래서 미국 헌법은 사법부의 구성과 관련한 간략한 기술 외에 구체적 역할 및 타 기관과의 관계 등에 대한 규정은 담지 않고 있다. 법의 해석 주체라고 규정은 하였지만 입법부가 제정한 법률에 대한 위헌법률심사권 등 사법부가 사법심사를 진행할 수 있다는 권한 등은 헌법상에 명시되지 않았다.

건국 초기의 사법부는 업무량만 폭주하고 지위는 인정받지 못하는 극히 인기 없는 부서였다. 초대 대법원장이었던 존 제이John Jay는 힘들고 제대로 된 인정과 보상도 갖춰지지 않은 힘없는 자리가 사법부 수장이란 이유로 자신의 연임을 거부할 정도였다. 여러 저명인사가 후임자로 추천되었지만 대다수가 대법원장에 취임하기를 거부하였다. 이때 나타난 인물이 적극적 연방주의자로 연방대법원의 역할 강화를 주장했던 존 마셜John Marshall이었다.

미국 사법부의 역할 증대를 야기한 사건은 미국의 제3대 대통령이던 토마스 제퍼슨Thomas Jefferson의 시기로 거슬러 올라간다. 1801년 새로 취임한 제퍼슨 대통령은 자신의 전임자인 존 애덤스John Adams 대통령이 임기 마지막 날 연방 판사들을 대규모로 임명하는 조치를 취한 것을 보고 격분하였다. 애덤스의 비상식적인 행위에 화가 난 제퍼슨 대통령은 미처 임명장이 발부 안 된 판사들의 임명을 거부하였다. 이들 판사 중 한 명인 윌리엄 마버리William Marbury는 제퍼슨의 결정에 소송을 제기하였다. 당시 연방대법원장은 존 마셜로, 그 또한 대통령으로부터 아직 인준을 받지 못한 상황이었다.

열렬한 연방주의자였던 마셜은 반연방주의자인 제퍼슨 대통령의 취임을 부담스럽게 느끼고 있었다. 본래 경력이 법조인이라기보다 정치인에 가까웠던 마셜은 제퍼슨 대통령과 연방주의자들 사이에서 양측을 자극하지 않으면서 연방대법원의 미래뿐만 아니라 자신에게도 최선이 될 방안을 찾아냈다. 그는 마버리가 소송을 건 근거가 되는 1798년 의회법(사법부법)을 위헌이라고 판결하였다. 이 판결은 마버리가 임명될 권리를 보유하기는 하지만 그의 임명을 진행할 의회법이 위헌이어서 임명될 수 없다는, 실로 교묘한 전략적 처방이었다.

마버리 대 매디슨Marbury v. Madison 판례로 알려진 이 소송에서 연방대법원은 최초로 입법부에서 제정된 법이 위헌이라는 판결을 내릴 수

국민 대표성과 사법부 지위

있는 선례를 확보하였다. 앞서 언급했듯이 미국 헌법은 사법부의 이같은 권한을 규정한 바가 없었다. 그러나 이 사건 이후 미국 대법원은 사법심사라는 권한을 관례화할 수 있었다. 연방대법원이 내린 마버리대 매디슨 판결은 국민으로부터 대표된 의회의 법 제정을 국민으로부터 대표되지 않은 사법부가 헌법을 근거로 취소시킬 수 있는지에 대한 논란과 더불어 민주적 정부의 기본 원칙을 깨뜨렸다는 비판을 초래하였다.

사법부의 역할을 지지하는 이들은 사법심사가 민주주의 정치의 포퓰리즘을 견제하는 역할을 수행한다고 주장하였다. 이들은 법관의 임기를 종신제로 한 것 또한 변덕스러운 민주주의 정치에 대응하여 안정적인 법 체계의 유지에 필요하다고 강조하였다. 이러한 사법부 지지자들은 일반 대중의 여론에 노출된 의회의 결정이 우민주의의 법 제정으로 이어질 수 있다는 우려를 공유했고, 임기 제한이 없는 사법부 판사들이 직위의 안정성을 토대로 의회의 입법 행위를 견제할 수 있다는 입장을 견지하였다. 이러한 사고는 건국 당시 다수의 정치 엘리트들이 갖은 대중민주주의에 대한 불신을 반영한 것이었다. "다수의 지혜"를 특성으로 내세우는 대중민주주의의 논리가 아직 사회적으로 정착하기 이전 시대의 사고방식이었다.

건국 초기 많은 이들은 사법부가 본래 법리적 판단에 충실한 기관이고, 따라서 결코 입법부나 행정부와 견줄 수 있는 권력이나 자격을 보유하기는 힘들다고 믿었다. 일부 반연방주의자들은 사법부가 과도한 권한 행사를 할 수 있는 여지를 지적했다. 하지만 대다수 인사는 사법부의 월권행위가 행여 발생할 경우, 헌법 개정과 탄핵의 방법을 통해 사법부에 대한 효율적 견제가 가능하다고 믿었다. 미국의 경우 사법부가 위헌 법률 심사를 통해 입법부의 입안을 무력화했다면 이 상황의 궁극적 해결은 입법부가 새로운 법을 제정하는 것이다.

문제는 새 법의 제정이 절차상으로 쉽지 않아서 사법부의 결정에 대해 입법부의 대응이 제한적인 경우이다. 필요할 경우 사법부의 권력을 언제든지 제한시킬 수 있다는 그들의 판단은 착각이었다. 건국 헌법의 빈구석을 노리고 사법부의 역할은 확대일로를 걸었고, 이 과정에서 국민을 대표하지 않은 사법부의 영향력은 확대되었다. 미국에서 사법부의 영향력은 더 이상 제어하기 힘들 만큼 성장하였고, 정치권은 사법부에 대한 견제보다 사법부를 자기편 인사로 채우는 일에 더 집중하는 상황이 전개되고 있다. 대통령이 바뀔 때마다 자신의 이념적 발자국을 사법부에 남기기 위해 극단적인 자기편 이념 보유자를 임명하는 대통령들이 나타나기 시작하였고, 양대 정당의 정치 구도가 양극화 되어감에 따라 이러한 경우들은 더욱 빈번해졌다.

연방대법원 판사의 종신제는 미국 사법부의 문제점을 더욱 가중시켰다. 과도한 이념적 편향성을 가진 법관이 일정 임기 동안이 아니라 종신제의 보호하에서 30~40년간 지속적으로 후대 사람들의 삶에 영향을 끼칠 결정들을 수행하는 것은 미국 민주주의의 큰 논쟁점을 구성해왔다. 특히 사회는 점차 다양성을 인정하는 방향으로 변화 중인데 수십년 전 임명된 보수적 법관이 사회의 변화를 가로막는다면 이는 문제가 아닐 수 없다. 낙태, 안락사, 동성애, 사형제 등 첨예한 사회적 이슈들에 대한 연방대법원의 판결들이 지속적 논란의 대상이 되는 것은 국민 대표성이 없는 사법부가 종신제의 울타리 속에서 법리를 위장한 정치적 판단을 수행할 때 초래되는 당연한 결과이다.

사법적 해석의
적정 경계

사법부의 본원적 역할은 입법부가 제정한 법에 대한 올바른 해석이다. 법 조항을 문자로 구체화하는 성문법의 한계는 법이 현실에서 발생할 수 있는 모든 경우의 수를 상정하며 이에 맞춰 기술하는 것이 불가능하다는 점이다. 입법부가 만드는 법은 통상 축약된 형태로 문자화되어 기술된다. 축약의 과정에서 법이 추상적 원칙성을 강조하는 형태로 기술될 여지는 높아진다. 사법부는 법의 추상적 원칙성을 다양한 현실 상황에 맞추어 융통성 있게 해석하는 것을 임무로한다. 문제는 사법부가 가지는 융통성의 범위가 어디까지인가 하는 점이다.

법적 해석의 융통성과 관련하여 크게 해석주의interpretivism와 비해석주의noninterpretivism라는 두 가지 원칙이 경쟁한다. 해석주의는 사법부가 법 해석을 수행할 때 가장 신뢰성 있는 자료가 법조문 그 자체라는 점을 강조한다. 해석주의는 사법부가 입법부의 법 제정 취지에 맞는 해석에 충실해야 하며 사법부의 이 같은 역할 한정이 민주주의의 작동 원리에도 가장 잘 순응한다는 입장을 견지한다.

문제는 법에 명확히 규정하지 않은 사안들이 발생할 경우 혹은 오래된 법이 현실과 조응하지 않는 경우 사법부가 어떻게 대처해야 하는가이다. 엄격한 해석주의 입장을 따르자면, 이러한 경우가 발생할 경우 사법부는 법의 해석을 멈춰야 한다. 그리고 입법부에 새로운 법의 신속한 제정을 요청해야 한다. 물론 이때 야기될 수 있는 문제 중 하나는 새로운 법의 소급 적용 여부에 관한 논란이다. 소급 문제를 기술적으로 최소화하는 방안들은 또 다른 차원의 논란을 야기하기도 하지만, 그럼에도 해석주의는 존재하지 않거나 적용될 수 없는 법을 사법부가 무리한 해석을 동원하며 판결하는 관행이 더 큰 논란의 소지를 갖는다는 점을 분명히 한다.

반면, 비해석주의는 현실 상황에 적용할 법조문이 결여된 상황이 발생할 때 사법부는 융통성 있는 해석으로 법조문의 결여를 보완할 수 있다는 입장을 취한다. 만약 시대에 맞지 않는 옛날 법이 문제가 될 경우 비해석주의는 사법부가 과거의 입법 취지를 현재 상황에 맞추어 조정 해석할 수 있다고 주장한다. 민주주의 이론가들은 이러한 비해석주의의 견해에 비판적인 입장을 취한다.

사법부가 융통성 있게 법을 해석한다는 주장의 이면에는 법 해석과정에서 논쟁의 여지가 존재하지 않음을 전제로 한다. 만약 법의 다양한 해석이 가능하다면 사법부가 어떤 근거로 한 개의 해석을 선택할 수 있을까? 법관이 다른 해석보다 자신의 해석이 옳다는 법적 판단 근거를 제공할 수 있다면 법 해석의 논쟁은 불식시킬 수 있다. 하지만 법 해석의 논쟁이 야기되는 대다수의 경우는 현존하는 법적 근거만으로는 판단이 어려운 상황에서 발생한다. 이 경우 법관은 본인 해석의 정당성을 주장하기 위해 법외적 판단 근거를 차용할 수 있다.

법관은 어디에서 법외적 판단 근거를 찾고, 이러한 법외적 판단 근거는 정당화될 수 있을까? 법관이 내세우는 법외적 판단 근거가 법관 자신의 개인적 혹은 정치적 편향성과 결부될 경우 법관의 해석이 논란을 야기할 것임은 의문의 여지가 없다. 법관은 법외적 자원으로 중립적 판단, 사회적 합의consensus, 자연법, 관습 등을 내세울 수 있다. 하지만 이들 자원 모두 객관성의 논란을 완전히 떨쳐내기 힘들다. 중립적 판단이나 사회적 합의의 판단은 법리적 전문성에서 우위를 가진 법관이 더 잘 수행할 수 있는 영역이 아니다. 자연법과 관습의 판단 영역 역시 법리적 전문성과 특별히 잘 조응하는 영역은 아니다. 자연법과 관습의 내용을 사회가 어떻게 수용할지는 정치의 영역이지 법리의 영역이 아니다.

'법리'란 통상 법의 올바른 해석을 위한 합리적 사고와 판단의 근거 논리를 의미한다. 현실적으로 법리는 입법부가 법을 제정한 취지와 법의 내용에 충실한 법의 해석을 위한 논리이고, 사법부의 법리는 이 범주 안에 머물러야 한다. 현실 세계에서 입법부의 모든 법안이 완벽할 수는 없다. 때로는 입법부의 법률 행위가 헌법의 내용과 상치할 수도 있다. 그 경우 사법부는 사법심사를 통해 헌법의 취지 및 내용과 일치하지 않는 법의 수정을 입법부에 요청할 수 있다. 하지만, 이때 상위법인 헌법 역시 국민 대표성을 가진 의회가 제정한 법이다. 의회는 사법부의 견해와 다른 헌법 수정을 도모할 수 있고, 헌법이 국가의 최고 법으로 존재하는 한 사법부의 법리는 의회가 설정한 헌법의 내용 안에 머물러야 할 것이다.

법관의 판단에 정당성을 부여할 법리적 및 법외적 판단 근거가 취약할 때 법 해석은 곡해의 비난에 직면하게 되고, 비해석주의는 논리적 취약성에 노정된다. 비해석주의에 대한 가장 직접적인 비판은 사법부가 국민으로부터 직접 선출된 기관이 아니라는 사실에서 비롯된다. 국민 대표성이 없는 사법부가 법 해석을 확장적으로 시도하는 것은 민주주의의 기본 원칙을 위배한다. 입법부의 입법 행위나 행정부의 정책 행위에 대한 사법부의 과도한 법적 심사는 사실상의 월권 행위이자 사법부가 스스로 입법 행위와 정책 행위를 수행한다는 비판을 초래할 수 있다.

　민주주의의 기본 원칙은 해석주의를 선호한다. 하지만 해석주의가 현실 세계에서 효율적으로 작동하려면 몇 가지 선행 조건을 필요로 한다. 먼저 입법부의 입법 행위가 더 자유로운 환경에서 더 적극적으로 이루어져야 한다. 또한 입법 행위에 참여하는 입법부 의원들의 자질 및 전문성 향상이 선행되어야 한다. 일시적 정치 편향성에 과도히 노정된 대중주의와 영합하는 입법부의 법 제정은 법 자체의 불안정성을 넘어 국가 이념 체계 및 권력 구조의 불안정성을 초래할 수 있다.

　입법부에 요구되는 자질과 전문성이 결여될 경우 좋은 민주주의는 기대하기 힘들다. 민주주의 사회에서 자질과 전문성을 갖춘 입법부 의원의 선택은 궁극적으로 유권자이자 일반 시민의 몫이다. 시민들의 올바른 선택을 이끄는 것은 시민지성이고, 그래서 우리는 우리 사회 시민지성의 빠른 성장을 기대한다.

사법부의
선거

　　　　사법부의 원초적 문제는 국민 대표성을 지니지 않는다는 점이다. 그렇다면 사법부를 국민의 직접 선거로 선출함으로써 사법부에 국민 대표성을 부여하는 것은 어떨까? 국가 차원에서 사법부를 선거로 선출하는 경우는 남미의 볼리비아를 제외하고는 찾기 힘들다. 하지만 하위 국가 차원에서는 사법부에 대한 주민투표가 생소한 것이 아니다. 미국의 50개 주 중 약 절반에 해당하는 주들이 주 대법원 판사를 선거로 선출한다. 각 주가 채택한 선거 방식은 다양하며, 정당 공천을 허용하는 주도 있고 이를 불허하는 주도 있다.[11]

사법부의 수장 혹은 지도부를 국민투표로 직접 선출할 때 어떠한 장단점이 존재할까? 가장 가시적인 장점은 국민이 선거를 통해 사법부의 법 해석 행위에 대한 직접적 책임을 물을 수 있고, 이것이 민주주의의 진작에 기여한다는 점이다. 국민의 의사에 반하는 사법부의 법 해석은 주기적인 사법부 선거를 통해 국민으로부터 심판받게 된다. 또한 사회의 이념 및 가치 변화 추이에 민감할 수밖에 없는 직접선거 방식은 조직의 특성상 보수화되기 쉬운 사법부의 문제를 해소하는 데 일조할 수 있다.

반면, 선거를 통한 선출 방식은 사법부의 정치성을 강화할 여지를 갖는다. 선거 결과에 따라 사법부의 법 해석 성향이 바뀌면서 법의 안정성이 위협받을 수도 있다. 아울러 분점정부하에서 발생하는 대통령과 입법부의 갈등 국면이 보여주듯, 국민 대표성을 확보한 사법부까지 추가로 권력 경쟁에 가담할 경우 복잡한 삼부 간 갈등 상황이 야기될 수 있다.

국민 대표성을 확보한 사법부가 극도의 비해석주의를 지향하며 법의 확장적 해석을 시도할 경우 발생할 수 있는 여러 문제점은 민주주의의 운영에 큰 부담으로 작용할 수 있다. 이는 왜 대다수의 국가가 사법부를 선출제가 아닌 임명제로 충원하는지에 대한 부분적 이유를 제공한다. 그리고 왜 미국의 여러 주가 사법부의 과도한 정치화를 막기 위해 정당 출마를 금지하는지의 이유이기도 하다. 우리나라같이 대법원과 헌법재판소로 사법부의 역할이 이원화되어 있는 경우 사법부의 직접 선출은 선출의 범위 등과 관련한 추가적 고민을 요구할 것이다.

헌법재판소의
대통령 탄핵 심판

우리나라 헌법 제65조는 대통령의 탄핵과 관련한 내용을 규정한다. 대통령에 대한 탄핵소추는 국회 재적의원 과반수에 의해 발의가 가능하며, 재적의원 3분의 2 이상의 찬성으로 의결한다. 의회의 결정이 이루어지면 헌법재판소의 심판 절차가 진행되고 재판관 6인 이상이 찬성할 경우 탄핵은 인용된다.

우리는 국민 대표성을 지닌 국회가 재적의원 3분의 2 이상이라는 압도적 다수로 결정한 대통령 탄핵소추에 대해 국민 대표성이 없는 헌법재판소가 탄핵의 최종적인 결정을 내리는 것이 합리적인지에 대해 의문을 앞서 제기한 바 있다. 그리고 설령 헌법재판소의 최종 판단을 허용한다 하더라도 대통령 탄핵 인용에 필요한 정족수가 6인의 재판관이라는 점도 추가적 논란을 야기한다. 국회가 3분의 2 이상이라는 압도적 다수로 통과시켰는데 왜 헌법재판소가 또다시 3분의 2 이상이라는 압도적 다수의 인용을 필요로 하는가?

헌법재판소의 탄핵 인용 6인 정족수는 사실상 국민의 대표인 국회가 압도적 다수로 결정한 의미를 무력화시킨다. 탄핵 인용 6인 정족수는 헌법재판소가 대통령 탄핵을 원점에서 다시 판단한다는 함의를 내포한다. 헌법재판소가 대통령 탄핵을 독자적으로 최종 판단하는 기구라면 굳이 국회가 재적의원 3분의 2 이상의 의결 절차를 밟아야 할 이유는 없다. 국회 재적의원 과반수의 발의만으로도 헌법재판소의 탄핵심판 제기는 충분조건이 되어야 한다. 대통령 탄핵소추를 발의한 국회의 압도적 다수가 갖는 의미를 헌법재판소가 존중한다면 6인의 정족수는 탄핵인용이 아니라 도리어 탄핵불인용을 위한 조건이어야 한다.

우리 헌법이 규정한 헌법재판소의 대통령 탄핵 판단은 헌법재판소의 재판관 선임 방식 및 인원 구성과 관련해서도 문제점을 노정한다. 우리 헌법 제111조에 따르면 헌법재판소의 재판관은 대통령, 국회 및 대법원장이 각 3명을 추천하고 대통령이 최종 임명하는 절차를 따르고 있다. 대통령이 국회나 대법원장이 추천한 인사의 임명을 지연하는 등 일련의 거부권을 보유하는 것도 문제지만, 대통령 탄핵 여부를 심판할 재판관들이 대통령에 의해 임명된다는 것 자체가 논란의 소지를 갖는다.

헌법재판관의 구성 측면에서 볼 때, 국회 추천 3인은 통상 여야 간의 타협 과정에서 여야에 양분된다. 대법원장을 대통령이 추천한다는 점을 감안할 때 대법원장과 대통령의 우호적 관계를 예측할 수 있고, 따라서 대법원장이 지명하는 헌법재판관 3인 또한 대통령에게 우호적일 가능성이 높다. 결국 9인의 헌법재판관 중 대통령에게 우호적이지 않은 인사는 여소야대의 상황일지라도 2~3명을 넘지 않으리라는 예측이 가능하다.

헌법재판관의 구성 자체가 대통령에게 압도적으로 유리한 상태에서 헌법재판소가 중립적인 대통령 탄핵 판결을 내릴 수 있을지는 논란을 자아낸다. 야당이 대통령 탄핵을 주도했을 때 탄핵에 필요한 6인의 헌법재판관을 확보하는 것은 현실적으로 쉽지 않다. 과거 노무현 대통령의 탄핵소추가 헌법재판소에서 불인용된 것은 전임 김대중 대통령이 임명한 다수의 진보적 헌법재판관의 도움을 받았을 여지가 크다. 만약 노무현 대통령이 정권교체를 이룬 대통령이었고 헌법재판관들의 다수가 이전 정권이 임명한 인사들이었다면 그가 과연 헌법재판소의 탄핵소추 심판에서 살아남았을지는 의문이다.

우리는 헌법재판소의 재판관들이 중립적 위치에서 법리에 의해서만 대통령 탄핵 사안을 판단하기를 기대한다. 하지만 문제는 정치적 성격을 강하게 내재하는 탄핵 사안에 대해 법리로 판단할 수 있는 영역

자체가 넓지 않다는 점이다. 대통령의 통치행위 범위 등 대통령 탄핵시 논란을 야기하는 대다수 이슈들은 법리적 판단이 쉽게 답을 줄 수 없는 정치적 사안들이다. 법리적 판단의 범위 밖 이슈를 헌법재판소가 굳이 판단하려들 경우 논란이 야기되는 것은 불가피하며, 정치적 판단이라는 비난 또한 회피하기 힘들 것이다. 이때 정치적 판단이란 단순히 정치적 파당성에 근거한 판단에 한정되는 것이 아니라, 재판관의 이념과 가치, 그리고 재판관이나 재판관이 소속된 기관의 이해관계 등에 근거한 판단을 포함한다.

헌법재판소에게 대통령 탄핵의 최종 심판권한을 부여한 우리 헌법 조항은 여러 논란의 소지를 갖고 있다. 적절한 헌법 수정이 이루어질 필요가 있으며, 그 때까지 헌법재판소의 의무는 자신의 역할을 철저히 법리적 판단에만 한정시키는 것이다. 국회의 대통령 탄핵소추 결정과정에서 명백하고도 중대한 절차적 오류가 존재하지 않는 한, 그리고 이러한 오류가 헌법을 근거로 한 법리적 판단의 범위 내에서 명확히 확인되지 않는 한, 헌법재판소가 의회의 결정을 번복하는 것은 부적절하다. 의회 결정을 뒤집는 판단을 내릴 경우 이에 대한 모든 법리적 입증의 부담burden of proof은 헌법재판소에게 놓여야 한다. 법리적 해석을 도모할 영역이 넓지 않음에도 불구하고 헌법재판소가 탄핵 판단의 시간을 과도하게 오래 갖는 것 또한 논란을 야기한다. 장시간의 판단은 헌법재판소의 신중한 법리해석의 노력으로 평가받기보다는 헌법재판소가 자체적 목적의 정치행위를 수행하며 탄핵의 사회적 혼란과 비용을 증대시킨다는 비판을 초래할 수 있다.

헌법재판소의
역할

헌법은 시민의 권리와 의무, 국가 조직 구성 및 운영 원칙 등과 관련한 기본적인 법과 규칙을 규정한 것으로, 성문헌법 체계를 도입한 우리나라의 경우 하나의 문서화된 형태로 존재한다. 우리 헌법 제111조는 헌법재판소의 주 역할을 위헌 법률 심판, 탄핵 심판, 정당 해산 심판, 권한 쟁의 심판 및 헌법 소원 심판으로 설정한다. 사법부를 대변하는 대법원이 존재하는 상황에서 헌법재판소라는 별도 기구를 추가로 설립한 이유와 대법원과 헌법재판소 간의 기능적 경계와 관련해서는 여러 논란이 존재한다.

별도의 헌법재판소를 설립한 국가는 전 세계적으로 80개국을 넘는 것으로 알려져 있다. 하지만 OECD 선진국 중에서 별도의 헌법재판소를 보유한 국가는 도리어 소수에 속한다. 미국, 영국, 캐나다, 호주, 뉴질랜드, 네덜란드, 스웨덴, 덴마크, 노르웨이, 핀란드 등 다수 국가는 헌법재판소를 보유하지 않는다. 독일, 이탈리아, 오스트리아 등 일부 국가가 별도의 헌법재판소를 설립하여 운영하고 있다.

독일이나 이탈리아는 제2차 세계대전의 패전 국가로 나치즘과 파시즘의 광기로 대량 학살 등 심각한 인권 유린을 자행했다는 공통된 경험을 갖는다. 과거의 아픈 역사적 경험 때문에 이들 국가는 국민의 기본권 보장과 국가 권력의 남용을 막기 위한 제도적 조치의 중요성을 깨닫고 그에 대한 일환으로 헌법재판소를 신설하였다. 또한 패전 후 이들 국가가 미국의 영향력하에서 새로운 국가 설립을 진행하면서 사법심사를 폭넓게 허용하는 미국식 사법제도를 수입한 결과라는 평가도 주어진다.

독일 연방헌법재판소의 주 관할 업무는 국민의 기본권을 위협하는 법률에 대한 위헌법률 심판과 국가 공권력으로 인한 개인 기본권의 침해를 다루는 헌법 소원 심판이다. 우리나라같이 탄핵 심판 등 정치적 사안에 대한 연방헌법재판소의 판단은 제한적이다. 혹자는 우리 헌법재판소의 역할 중 하나는 사법부가 정치적 사건을 담당할 경우 정치적 영향력에 노출되고 이것이 사법부의 독립성을 저해할 수 있기 때문에 이를 막기 위해 정치적 사건을 헌법재판소에 위임했다는 논리를 펼치기도 한다.

하지만 대다수 정치적 사건이 법리적 판단의 영역 밖에 존재할 뿐만 아니라 헌법재판소 역시 법리적 판단을 시행하는 기관이지 정치적 사건을 다룰 특별한 전문성을 보유한 기관이 아니라는 점에서 이러한 주장은 설득력을 얻기 힘들다. 상기 주장은 헌법재판소의 정치성을 암

묵적으로 전제함으로써 헌법재판소의 존재 근거를 강화하기보다는 약화시킨다.

엄밀한 의미에서, 사법부의 독립성은 그 말 자체가 어폐를 지닌다. 민주주의 국가에서 특정 권력 기관이 "독립"된다는 것은 적절한 표현이 아니다. 민주주의 국가에서 모든 권력은 최종적으로 국민에게 책임지며 또한 종속된다. 국민 대표성을 보유한 대통령과 국회는 국민에게 직접 책임을 지지만, 여타 기관의 경우 다양한 방식으로 국민 대표성을 가진 기관에 의해 통제되며, 그 통제의 최종 주체는 역시 국민이다.

사법부의 독립성은 자체적 가치를 가지는 것이 아니며, 기본 취지는 정치적 중립성 확보에 있다. 우리가 법원과 검찰 등 국가 기관의 독립성을 요청할 때 이는 대통령이나 여당 혹은 특정 사회 세력이 행사하는 과도한 영향력으로부터의 독립적 지위를 의미한다. 독립성은 국가 및 사회로부터 완전히 유리된 자율성을 의미하는 것이 아니다. 민주주의 국가에서 모든 기관은 궁극적으로 주권자인 국민의 통제하에 머물러야 하며, 국민으로부터 독립적인 기관은 존재할 수 없다.

혹자는 대통령과 입법부가 가지는 법관의 임명권과 법관 탄핵권이 사법부에 대한 통제 기제라고 말한다. 하지만 이 기제는 사법부의 책임성을 묻기에는 느슨하기 짝이 없다는 평가를 받는다. 사법부의 책임성을 제고하는 방안은 다각적으로 모색되어야 한다. 우리 사법부는 법률 해석 기준과 관련하여 이것이 자신의 독립적 권한임을 강조해 왔다. 대법원은 다른 기관이 법률 해석 기준을 제시하는 것이 사법권 독립의 침해라고 주장한 바 있다. 이러한 주장은 진의와는 무관하게 불필요한 오해의 소지를 낳는다. 국민을 대표하는 입법부가 입법 취지와 법안 조항을 통해 사법부의 법률 해석 기준에 영향을 미치는 것은 당연하다. 사법부의 독립적 해석 권한이 허용되어야 한다면 그것은 사법부의 해석이 입법 취지와 법안 내용의 범주 안에 안전하게 머물 때로 한정된다.

대법원과 헌법재판소의 이원적인 사법부 지도 체제하에서 발생하는 양자 사이의 갈등은 회피할 수 없는 현상이다. 헌법재판소의 역할에 대한 헌법상 규정이 명시되어 있다고는 하지만, 헌법재판소의 임무가 광의적 의미의 헌법 수호라고 할 경우 거의 모든 사안이 헌법 수호 영역 안에 포함될 수 있다는 점은 대법원과의 역할 중첩 여지를 발생시킨다.

헌법재판소법 제68조 1항의 의하면 헌법재판소가 진행하는 헌법 소원 심판은 헌법에 어긋나는 국가 행위를 헌법재판소가 취소할 권한으로 이어진다. 2022년에 발생한 두 차례의 재판 소원이 대법원과의 갈등 상황을 야기했음은 잘 알려진 바다. 헌법 소원이 공권력에 의한 국민의 기본권 침해를 막기 위한 목적의 구제 조치라고 한다면 공권력의 주체가 행정부와 입법부에 제한될 이유는 없다. 법원의 재판 결과가 헌법 소원의 대상이 되는 것에 대해 대법원 측이 불편함을 갖는 것을 이해할 수는 있지만, 그렇다고 사법부가 헌법 소원의 대상에서 제외되어야 한다는 주장이 타당성을 갖기는 힘들다.

　대국민 책임 소재가 명확하지 않은 사법부의 권력 남용을 막는 데 대법원과 헌법재판소의 이원적 지도 체계는 나름의 순기능적 역할을 수행할 수 있다. 사법부의 이원체제는 사법부 내 자율적 견제와 균형을 실현하는 데 기여할 것이다. 물론 두 기관의 중첩적 역할 수행과 이로 인한 혼란을 줄이기 위해 헌법재판소의 역할을 헌법의 취지에 맞추어 국민 기본권 보호에 집중시켜야 한다는 제안이 있을 수 있다. 독일의 연방헌법재판소 사례는 이 문제에 대한 통찰력을 제공한다.

독일의
연방헌법재판소

　　　　　　　　독일의 연방헌법재판소Federal Constitutional Court 는 헌법 소원의 과정에서 연방최고법원Federal Court of Justice의 재판 결과를 뒤집을 수 있다는 점에서 사법부 내 최고의 지위를 갖지만, 연방헌법재판소가 연방최고법원의 결정을 판단할 수 있는 영역은 제한된다. 연방헌법재판소가 관할하는 헌법 소원은 형사 재판 과정의 인권 유린 등 국민 기본권과 관련한 재판에 한정된다. 연방헌법재판소는 국민 대표성을 지닌 의회의 법안에 대해서도 위헌 법률 심사권을 갖는다. 나아가서, 의회의 헌법 개정 시 신 헌법 조항이 영구 조항Ewigkeitsklausel의 해당 항목들과 합치하는지의 여부를 판단한다. 영구 조항의 항목들은 인간 존엄성과 인권, 인민주권과 민주주의, 복지국가 등 가장 기본적인 인간 권리의 영역들을 포함한다. 즉, 영구 조항으로 설정된 20개의 기본법 조항은 국민 대표성을 가진 입법부도 넘어설 수 없는 신성불가침의 영역으로 간주된다.

연방헌법재판소의 헌법 개정 심사권은 민주주의 국가에서는 보기 힘든 다소 기이한 조항이다. 이는 과거 히틀러의 나치즘이 득세하던 시절 대중주의에 영합한 정치권력이 인권을 처절히 유린했던 역사적 경험을 되풀이하지 않겠다는 취지에서 탄생하였다. 연방헌법재판소의 헌법 개정 심사권은 헌법의 국민 기본권 보호 취지에 어긋나는 정치권의 어떠한 입법 행위도 저지하는 제도적 조치로 정당화되고 있다.

독일은 연방헌법재판소의 역할을 국민의 기본권 보장에 철저히 한정시키는 대신, 연방헌법재판소에 대한 정치적 영향력을 최소화하기 위한 자체 장치들을 추가로 마련하고 있다. 연방헌법재판소는 독일 서남부의 조그만 도시인 칼스루에Karlsruhe에 위치한다. 이는 베를린이나 프랑크푸르트 등 독일 정치를 주도하는 대도시에서 지리적으로 먼 곳에 위치시켜서 주요 권력기관으로부터 영향력을 최대한 배제하려는 의도를 담고 있다.

연방헌법재판소의 조직 또한 8인 재판관 체제의 두 개 재판부로 구성되어 있다. 두 개의 재판부는 사안에 따라 역할을 분담하지만, 중요 사안에 대해서는 양자가 참석한 재판관 전체 회의에서 논의한다. 두 개의 재판부 체제는 상호 경쟁 및 견제 효과와 더불어 외부 간섭을 최소화하기 위한 구상이다. 12년 단임 임기의 재판관들은 연방 상·하원에서 반수씩 선출된다.

독일의 연방헌법재판소는 외형상으로 우리의 헌법재판소와 매우 유사한 모습을 보인다. 1988년 한국에서 헌법재판소가 설립될 당시 입안자들이 독일의 연방헌법재판소를 참조했을 것으로 추측될 만큼 이둘은 비슷한 내용을 공유한다. 하지만, 내용을 들여다보면 상당한 차이를 드러낸다. 특히 대통령의 탄핵 심판과 관련하여 두 기관의 차이는 현저하다.

독일의 대통령은 대통령 선출을 위해 일시적으로 구성되는 연방총회Bundesversammlung에서 간접선거로 선출된다. 대통령은 국가 원수로서의 상징적 의미는 보유하지만 정치적 실권의 보유와는 거리가 먼 존재다. 독일의 실질적인 권력자이자 정치적 대표는 수상이다. 독일 대통령은 연방헌법재판소 재판관들을 최종 임명하는 형식적 절차에는 가담하지만, 이들 재판관에 대한 추천권은 절대적으로 상·하원에 속해 있어서 우리나라와는 달리 대통령이 재판관 구성에 영향을 미칠 가능성은 거의 존재하지 않는다.

의원내각제인 독일에서는 국민 대표성을 둘러싼 의회와 대통령의 갈등이 애초에 생성되기 힘들다. 의회에서 대통령 탄핵소추가 이루어지면 연방헌법재판소는 대통령이 헌법이나 법률을 위반하였는지의 법리적 판단에 주력한다. 이는 대통령제 국가인 우리나라에서와 같이 국민 대표성을 둘러싸고 발생하는 실질적 권력 주체인 대통령과 의회의 정치적 충돌에 대한 헌법재판소의 판결과는 전혀 다른 성격을 갖는다.

대통령과 의회의 정치적 충돌에 대해 헌법재판소가 법리적으로 판단하는 것이 한계를 가질 수밖에 없음은 전술한 바 있다. 미국이 대통령 탄핵 과정에 연방대법원을 간여시키지 않는 것도 동일한 이유에 기인한다. 나아가서 우리나라의 경우 독일과는 달리 탄핵 심판의 직접적 당사자가 될 수 있는 대통령이 헌법재판관 구성에 심대한 영향을 미친다. 독일의 연방헌법재판소 제도는 우리 헌법재판소의 향후 역할과 운용 방식에 대한 시사점을 제공한다. 특히, 헌법재판소의 대통령 탄핵 심판과 관련하여 현재 우리 제도가 가지는 문제점들의 개선 방안에 대한 함의들을 전달한다.

사법심사를
거부하는 국가들

민주적 통제에서 벗어난 법 전문가들이 국민 대

표성을 지닌 입법부 위에 존재할 수 있는가는 이 장의 중심 질문이었다. 우리는 민주주의 국가의 사법부가 '창의적' 해석을 요구받는 기관이 결코 아니며, 주 임무는 '기계적' 해석의 역할에 주력하는 것임을 확인한다. 일부 이슬람 국가와 같은 신정국가에서는 국가의 헌법 위에 신의 규율이 존재할 수 있고, 신의 규율을 해석하는 사법적 기관이 헌법을 초월하여 존재하고 기능할 수 있다. 그러나 민주적 국가에서는 헌법과 법률의 제정은 국민으로부터 직접 선출된 입법부의 권한이고, 임명된 사법부는 이에 견줄 수 있는 어떠한 권한도 부여받지 않는다. 이는 민주적 통치를 원칙으로 삼는 대다수 국가의 입장이라 할 수 있다.

민주주의의 기본 원칙은 국민으로부터 선출되지 않은 기관이 국민을 대표하는 기관의 입법 기능을 판단하는 것에 의문을 던진다. 영국, 네덜란드, 노르웨이 등 다수 의원내각제 국가들은 의회가 제정한 법률에 대해 사법부의 심사권 자체를 인정하지 않는다. 즉, 국민을 대변하는 의회의 입법 행위에 대해 사법부의 간여와 견제는 허용되지 않는다.

입법 사안에 대한 사법부의 사전 의견 제출 등의 제도적 개혁 방안은 체계적이고 내실 있는 입법안 구성에 기여할 것이고, 따라서 이들 방안을 활성화하는 노력은 확대될 필요가 있다. 하지만, 사법부에게 민주주의를 심판할 특별한 지위를 부여하는 어떠한 제도적 구상도 상기 국가들을 포함하여 모든 민주주의 국가에서 허용되기 힘들 것이다.

대통령의
탄생

민주공화정의 혼선

우리는 지금까지 대통령제, 삼권 분립, 견제와 균형, 사법부의 사법심사 등 우리가 수용하는 정치 제도들의 특성과 이들이 현실 정치에서 표출되는 양태들에 대해 살펴보았다. 이들 제도는 그 자체가 목적이라기보다 민주 정치 구현이라는 우리 사회의 궁극적 목적을 위한 도구적 장치들이다. 이들 제도가 민주주의 운영에 어떠한 역할을 하는지, 그리고 어떠한 한계점을 갖는지를 평가하기 위해서는 우선적으로 민주주의가 무엇인지에 대한 명확한 이해를 필요로 한다.

민주주의는 우리가 일상의 삶 속에서 즐겨 사용하는 친숙한 어휘다. 그래서 민주주의는 우리 모두가 잘 이해하는 개념이라고 일견 생각할 수도 있지만, 사실 손쉽게 정의될 수 있는 개념은 아니다. 이 장에서 우리는 민주주의에 대해 다시 생각해 보는 시간을 갖는다. 우리의 논의는 대한민국 헌법 제1조가 담고 있는 내용에서부터 시작한다.

우리 헌법 제1조 1항은 "대한민국은 민주공화국이다"라고 규정한다. 민주공화국이 무슨 의미일까? 여러분은 민주공화국이 무엇을 정확히 의미하는지 고민해 본 적이 있는가? 누군가가 이 용어에 대해 여러분 대신 고민했을 것이라 생각할 수도 있다. 하지만 가능성은 별로 높지 않다. 왜냐하면 이전에 고민한 이들이 있었다면 이 용어는 이미 사회적 논란거리로 부상했을 것이기 때문이다.

1948년 6월 제헌국회는 국회의원으로 구성된 30명의 전형위원과 법조계 전문가로 구성된 10명의 전문위원으로 헌법기초위원회를 조직하였다. 헌법기초위원회가 약 3주 만에 초안을 작성하였고, 국회가 이를 토대로 한 달의 심의 과정을 거친 후 7월 17일에 헌법이 정식 공포되었다. 헌법 기안자들이 민주국도 아니고 공화국도 아닌 민주공화국이라는 용어를 헌법 1조에 넣었을 때 이들은 무엇을 염두에 두고 이 용어를 사용했을까?

당시 헌법기초위원회가 선택한 우리나라 국호는 대한민국이었다. 대한민국이라는 국호는 사실 1919년 대한민국 임시정부가 선포한 헌장에 명시되어 있다. 또한 임시 헌장의 제1조 1항은 "대한민국은 민주공화제로 한다"라는 조항을 담고 있다. 당시 임시 헌장을 작성한 이들이 무슨 의미로 '민주공화제'라는 용어를 사용했는지는 알려지지 않고 있다. 추정컨대, 반민주적 체제에 반대하며 군주제를 거부한다는 의도 정도로 이 용어를 사용했을 수 있다.

민주정이나 공화정의 개념은 지금의 정치학자나 헌법학자도 다루기가 부담스러운 주제다. 한 세기 전 독립운동을 하던 이들에게 민주공화제의 정교한 개념 이해를 요구하는 것은 무리임이 틀림없다. 어찌 되었든 이들 정체에 대한 정확한 이해가 이루어지지 못한 상황에서 헌장이 기술되었음은 의문의 여지가 없다. 우리 헌법 제1조 1항은 이 헌장 속 내용을 1948년 헌법기초위원회가 역시나 별다른 고민 없이 답습하여 지금에 이르고 있다.

우리 국호인 '대한민국'은 한 민족이 사는 큰 나라라는 의미로 조어된 것으로 알려져 있으며, 이것의 영문 국호는 'Republic of Korea'다. 'Republic'이란 단어를 우리말로 단순 환원시키면 공화정이 된다. 우리의 영문 국호는 헌법 제1조가 우리의 정체로 규정한 "민주공화국"이라는 기술에서 왜 민주라는 용어를 생략하였을까? 공화국이라는 정체 하나로도 민주정의 의미를 포괄적으로 담을 수 있다고 생각한 것이었을까?

민주공화국democratic republic이라는 공식 국호를 사용하는 국가는 흔치 않다. 독일 통일 전의 과거 동독이나 베트남, 콩고 등과 같은 일부 사회주의국가들이 이 용어를 사용한 바 있고, 현재도 민주공화국이라는 정체를 표방하는 국가는 우리나라와 대만 정도를 제외하면 대다수가 아시아와 아프리카 지역의 비민주적 정치 후진국들이다.

독일, 프랑스, 이탈리아 등 서구 유럽의 대다수 선진 민주주의 국가들은 공화국republic이라는 호칭을 사용한다. 중국이나 1970년대 이후 베트남 같은 사회주의 국가들은 인민공화국people's republic 혹은 사회주의공화국socialist republic이라는 용어를 선호한다. 특이하게도 휴전선 너머에 위치한 북한만이 조선민주주의인민공화국Democratic People's Republic of Korea이라는 공식 명칭 속에 민주와 공화라는 어휘뿐만 아니라 인민이라는 어휘를 추가한다.

앞서 중국의 경우처럼, 인민 민주정이라는 단어는 사회민주주의를 지향하는 정체를 의미한다. 북한의 공식 호칭은 사회민주주의를 구현하는 공화정이라는 의미를 갖는다. 우리의 헌법 제1조를 동일한 방식으로 해석하면 대한민국은 민주주의를 구현하는 공화국이다. 북한은 사회민주주의를 구현한다고 주장하는데, 우리는 어떠한 민주주의를 구현하는 것일까? 우리 헌법 전문에는 "자유민주적 기본 질서"를 확고히 한다는 표현이 나온다. 그렇다면 우리가 지향하는 민주주의는 자유민주주의일까? 여기에서 자유민주주의는 정확히 무엇을 의미하는 것일까?

자유민주주의가 개인의 자유를 보장하는 민주주의라 답한다면 여러분의 점수는 50점을 넘기기 힘들 것이다. 자유민주주의란 자유주의liberalism라는 정치 이념을 지향하는 민주주의를 의미한다. 문제는 자유주의가 단순히 개인의 자유만을 주장하는 이념 체계가 아니라는 점이다. 또한 자유주의 안에는 다양한 분파들이 존재하고, 이들 분파는 자유주의라는 이념 체계 안에 함께 묶기에 부담스러울 만큼 폭넓은 이념적 지평을 펼친다는 점이다.

자유민주주의의
수사학

　　　　　　자유주의에 대한 복잡한 논의는 일단 뒤로 미루자. 우선 우리나라가 자유민주주의를 전적으로 지향하는 국가인가에 대해 먼저 살펴보자. 우리는 미소 냉전 시대 이래로 서구 자유주의 진영과 동구 공산주의 진영이라는 양분법적인 시각으로 국가들을 분류해왔다. 서구 유럽 및 북미 지역 국가들이 선진 자유주의 진영에 속한다는 분류법에 익숙한 우리는 이들 국가가 모두 자유민주주의를 지향한다고 생각할 수 있다. 이들이 자유민주주의의 많은 가치와 규범을 공유하는 것은 사실이지만, 우리의 생각이 정확한 것은 아니다.

　1990년대 초 소련을 비롯한 동구권의 몰락으로 미국을 중심으로 한 서구 진영이 세계정치의 주도권을 확보했을 때, 프랜시스 후쿠야마 Francis Fukuyama라는 학자는 "역사의 종말end of history"이라는 표현을 동원하며 서구 진영의 승리를 자축하였다. 후쿠야마는 동서 냉전이라는 이데올로기 대립에서 서구 사회의 자유주의가 최종적으로 승리했고, 이 자유주의는 인류가 도모해 온 정치 이념 발전의 종착점이라고 선언하였다. 그는 우리 인류가 향후 역사 속에서 자유민주주의의 일시적 후

퇴를 경험할 수는 있지만, 자유민주주의가 궁극적으로 보편적이고 지배적인 이데올로기로 전 세계 국가에 정착할 것임은 의문의 여지가 없다고 주장하였다.[12]

후쿠야마의 "역사의 종말"은 1960년대 대니얼 벨Daniel Bell이 유행시킨 "이데올로기의 종말end of ideology"이라는 수사를 회상시킨다. 벨은 서로 다른 유토피아를 지향하는 좌우 이데올로기 간의 갈등이 종말을 고하고 모든 국가는 표면적으로 내세우는 자신의 이념과는 무관하게 실제로는 유사한 사회 발전 경로를 밟을 것이라고 예측하였다.

그는 동서의 이데올로기 투쟁이 의미 없는 수사적 언쟁으로 남게 될 것이고 이처럼 이데올로기 경쟁이 현실적으로 종말을 고하는 상태에서 모든 국가는 탈집중화된 권력 구조, 정치 다원주의, 정부가 적극 개입하는 수정자본주의 경제 정책, 복지 제도 등의 특성을 점차 공유하게 될 것이라고 주장하였다.[13] 벨은 아마도 당시 북유럽식 사회민주주의의 이념 체계를 토대로 한 복지국가로의 성장을 인류 공통의 발전 과정으로 생각하였을 것이다.

하지만 1970년대에 접어들어 복지국가의 문제점들이 점차 부각되면서 벨의 예측은 비판받기 시작하였다. 1980년대 이래로 레이건주의Reagonism와 대처주의Thatcherism로 대변되는 시장경제화와 사유화privatization의 물결하에서 사회민주주의에 대한 지지는 급격히 쇠락하였다. 미국 주도의 일극 체제하에서 신자유주의의 기치는 더욱 높아지고, 이에 대한 반발로 중도 좌·우파의 정책을 절충 통합한 제3의 길the third way이 영국 등 서구 유럽 국가에서 제시되었다. 제3의 길은 서구 유럽의 진보 정당들이 이념적 위치를 중도로 이동시키는 계기를 마련하였다.

후쿠야마가 선언한 자유주의의 완전한 승리는 미국 우파의 입장을 대변하는 정치 슬로건으로 21세기 세계의 특성이라고 하기에는 과장된 것이었다. 새뮤얼 헌팅턴Samuel Huntington과 같은 학자는 오래전에 탈냉전의 상황이 자유주의의 보편화로 이어지는 것이 아니라 또 다른 형태의 전 세계적 갈등으로 이어질 것이라 예측했다. 헌팅턴은 새로운 갈등은 자본주의와 사회주의 간의 이념적 대립이 아니라 상이한 문화 및 종교 사이의 갈등이 될 것이라는, 이른바 "문명 간의 갈등"을 주장했다.[14] 9·11 테러 이후 세계정치는 한동안 기독교와 이슬람교 사이의 문화적 갈등을 토대로 한 국지적 분쟁들로 점철되었고, 이는 헌팅턴의 날카로운 예측에 더 큰 지지를 실어주었다.

서구 유럽의 진보 정당

여러분은 서구 유럽의 주요 진보 정당들이 자유 민주주의를 지향한다고 생각하는가? 가령 영국의 노동당이나, 독일의 사회민주당, 프랑스의 사회당, 스웨덴의 사회민주당 등은 유럽의 대표적인 진보 정당들이다. 이들 좌파 정당은 당 정강에 사회주의를 자신들이 지향하는 이념으로 명시한다. 이념적 지향점으로 사회주의를 표방한 정당들이기에 이들은 모두 당명에 사회나 노동이라는 단어를 포함시킨다.

물론 이러한 당명은 이들 정당이 자유주의 가치를 배제하고 사회주의 가치만을 수용한다는 것을 의미하지는 않는다. 자유주의의 많은 가치들은 이미 이들 정당의 사회주의 이념 속에 내재화되었고, 단지 이들 정당의 궁극적 지향점이 평등 가치가 존중되는 복지사회주의의 구현으로 설정되었음을 의미한다. 서구 유럽 내에서 자유주의를 정강 이념으로 채택하는 정당들은 주로 진보와 보수로 구분되는 좌우 거대 정당들 중간에 끼어 있는 제3당의 지위를 유지한다.

서구 유럽의 진보 정당들이 사회주의를 지향한다고 해서 이들의 이념 체계를 과거 소련이나 현재의 북한 및 중국 등과 같은 국가들이 수용한 국가사회주의 이념 체계와 혼동하지는 말아야 한다. 서유럽의 진보 정당들이 채택한 사회주의 정강은 국가사회주의 이념과 마찬가지로 평등의 가치를 중시한다. 하지만 서구 유럽의 진보 정당들은 시장이라는 경제 시스템을 적극적으로 수용하면서 민주적 방식에 의해 점진적으로 평등의 가치를 구현하는 사회 달성을 목표로 한다.

반면, 국가사회주의는 국가가 사회주의 달성을 위해 독점적 사회

4장

통제와 계획 경제를 주도한다. 그리고 이 과정에서 민주적이 아닌 전체주의적 국가의 특성을 표출하면서 통상 국민의 자유를 억압하는 체제로 변질된다.

공산주의 대 사회주의

　　　　　서구 유럽의 주요 진보 정당들이 자유주의가 아닌 사회주의를 정강 이념으로 채택한다는 사실은 공산주의나 사회주의라는 용어만 들어도 빨갱이라는 말을 내뱉으며 기겁하는 이들에게는 의아하게 느껴질 수 있다. 남북 분단의 상황에서 우리는 북한 체제를 염두에 두고 공산주의와 사회주의라는 용어를 일상적으로 사용하지만 이 용어들이 정확히 어떤 의미를 갖는지 알지 못하는 경우가 대부분이다.

　공산주의와 사회주의는 사회 구성원들 간의 연대와 연대적 삶 속에서의 평등의 가치를 강조하는 이념 체계다. 사회 구성원들이 정치, 경제 및 사회 자원들을 공유한다는 개념을 토대로 이들 사이의 협력적인 사회 관계 달성을 추구하는 공산주의 이념 체계의 역사적 기원은 멀리 고대로까지 소급된다.

　공산주의를 표방하는 다양한 형태의 논리들은 인류 역사를 통해 꾸준히 제기되어 왔지만, 19세기 중반에 칼 마르크스Karl Marx가 과학적 사회주의라는 이름으로 자신만의 이론을 펼치면서 공산주의는 강력한 사회이론으로 부상하였다.[15]

　마르크스 이론의 두 가지 핵심적 개념은 계급과 착취이다. 그는 자본주의 사회에서는 자본이라는 생산 수단을 가진 자본가 계급과 노동력밖에 보유하지 못한 프롤레타리아 계급이 존재하며, 이들 계급 사이의 불평등한 역학관계 때문에 전자가 후자를 착취하는 상황이 폭넓게 발생한다고 주장한다. 마르크스는 착취라는 개념을 설명할 때 자본가 계급을 옹호하고자 존 로크가 사용했던 노동가치설을 차용한다. 로크의 노동가치설은 인간의 노동만이 새로운 가치를 창출한다는 주장이다. 마르크스보다 한 세기 전 사람이었던 로크는 상속된 부를 보유한 비생산적인 귀족 계급에 대응하여 생산 활동에 적극 참여하며 부를 축적하는 자본가 계급을 대변하고자 노동잉여가치설을 수용하였다. 흥미로운 사실은 자본가 계급을 옹호하던 노동가치설이 한 세기가 지난 후에는 자본가 계급의 탐욕을 공격하며 노동에 대한 적정 대가를 받지 못하고 착취당하는 노동자 계급의 옹호에 사용되었다는 점이다.

　마르크스는 노동자에 대한 자본가의 구조적 착취가 발생하는 자본주의 사회는 노동자의 일치된 단합을 통한, 이른바 노동자 혁명으로만 붕괴시킬 수 있다고 역설한다. 이때 자본주의 국가는 자본가 편에서 노동자 혁명을 저지하려 들기 때문에 혁명의 성공은 자본주의 국가 자체

의 전복 위에서만 가능하다. 마르크스에 의하면, 자본주의가 최고조로
발전한 독점자본주의 사회를 대체하는 새로운 사회가 공산주의 사회이
다. 공산주의 사회로 진입하면 자본가 계급의 이익을 보호하던 국가는
더 이상 불필요하게 된다. 사회 구성원들 간의 자발적 협력관계가 진전
되면서 궁극적으로 국가 소멸이 이루어진다. 마르크스의 표현을 빌리
자면, 공산주의 사회로 진입하면 "능력에 따라 일하고 필요에 따라 소
비하는" 사회가 생성된다.

공산주의와 사회주의라는 용어는 마르크스가 살던 시기까지만 해
도 동의어처럼 사용되었다. 역사적으로 워낙 많은 사람들이 다양한 의
미를 부과하며 두 용어를 사용했기 때문에 이들을 개념적으로 구분하
는 것은 쉽지 않았고, 두 용어는 상호 교환적으로 사용되었다. 그의 논
리가 주류 사회주의 이론 체계로 정립된 후 거의 두 세기가 지난 지금
도 공산주의와 사회주의는 종종 동의어로 사용된다. 굳이 이 두 용어의
개념을 구분하려고 시도하는 학자들은 마르크스의 진보주의적 역사 사
관의 종착지인 공산주의 사회를 이를 달성하기 위해 노력하는 혁명적
과정으로서의 국가사회주의 시기와 대조시킨다. 즉, 이들 학자는 공산
주의 사회가 사회 발전의 최종적 종착점을 지칭하는 데 반해, 사회주의
국가는 완전한 공산주의 사회로 진입하기 전의 과도기적 단계로 규정
한다.

마르크스에 따르면 완전한 공산주의 사회에서는 계급도 국가도 더

이상 존재하지 않는다. 또한 공산주의 사회는 필요에 따라 소비하기 위한 물질적 풍요가 확보된 사회이다. 반면, 사회주의 국가에서는 아직 국가가 존재하고 있으며, 계급 또한 노동자가 지배적 세력으로 부상했지만 아직 완전히 해체된 상황은 아니다. 사회 내에는 사회주의 발전에 적대적이거나 비협조적인 계급이 일부 존재하며, 이들을 통제하기 위한 대표적 국가 수단이 정치범 수용소이다. 사회주의 국가가 많은 수의 정치범을 갖는다는 것은 계급이 완전히 해체되지 않았음을 함의한다.

나아가서 북한이나 중국 등 대다수 사회주의 국가는 마르크스가 조명한 "필요에 따른 소비"를 구현하는 물질적 풍요를 확보하지 못하고 있다. 완전한 공산주의 사회로의 진입에 필요한 경제적 풍요를 달성하기 위해 사회주의 국가는 자신들의 미흡한 생산력을 확대해야 할 과제에 직면한다. 김정은 체제 이후 북한이 헌법을 개정하면서 기존에 사용되던 공산주의라는 용어를 사회주의로 교체했다는 것은 북한 또한 이들 두 용어를 구분해서 사용하고 있음을 의미한다.

국가사회주의 논리

과거 소련이나 현재 중국과 같은 사회주의 국가의 이념 체계는 마르크스의 이론뿐만 아니라 블라디미르 레닌Vladimir

Lenin의 이론에 의해서도 심대하게 영향을 받는다. 그래서 학자들은 국가사회주의를 뒷받침하는 이론을 흔히 마르크스－레닌주의Marx-Leninism라고 명명한다. 레닌의 이론은 마르크스의 이론이 실제 프롤레타리아 혁명의 지침서로서 부족한 부분들을 보완한다.

레닌의 보완은 주로 세 가지 측면에서 이루어진다. 첫째, 마르크스는 국경을 초월한 전 세계 노동자들의 일치된 단합을 예견하지만, 레닌은 이러한 국제적 단합이 실패하는 이유를 제국주의론을 통해 설명한다.[16] 레닌의 제국주의는 착취를 행하는 제국주의 국가와 착취를 당하는 식민지의 양 세계에 살고 있는 노동자들의 이해관계가 첨예하게 대립될 수 있음을 강조한다. 즉, 제국주의 시대에는 침략국의 노동자들이 식민지의 노동자들을 수탈하는 결과가 불가피하게 초래되고, 이로 인해 마르크스가 예견했던 국경을 초월한 노동자들의 연대는 성취되기 힘들다는 것이다. 이러한 논리를 바탕으로 레닌은 일국사회주의 주장을 펼친다.

둘째, 마르크스는 노동자들의 계급의식과 혁명의식은 자율적으로 생성될 수 있다고 보았지만, 레닌은 노동자들을 이끌 전위대vanguard of the proletariat의 필요성을 강조한다. 레닌은 지식인 계층이 무지한 노동자들의 의식을 일깨우는 전위대의 역할을 맡아야 한다고 주장한다. 이러한 레닌의 논리는 사회주의 국가 설립 후에는 인민을 계속적으로 지도하는 당의 역할로 바뀌어서 개념화된다. 사회주의 국가에서 정부 조직보다 당 조직이 더 막강한 권력을 보유하는 것은 레닌의 프롤레타리아 전위대 개념의 소산이다.

셋째, 레닌은 사회주의 국가의 의사 결정 구조로 민주적 집중제 democratic centralism를 제안한다. 민주적 집중제는 밑에서부터 의견을 수렴해 단계별로 상위로 전달하는 의사 결정 구조이다. 단계별로 수렴된 의견들이 상층부로 올라가서 의사 결정 구조의 최상위부에 도달하면 하나의 의견으로 통합되어 전체 인민의 의사로 규정된다. 그리고 최상위부의 통합된 의견에 대한 반대는 '인민의 적'으로 간주된다. 밑에서부터의 의견 수렴 과정이 민주적 구조를 갖는다는 점에서 레닌의 구상은 민주적 집중제로 호칭되고 있으나, 실제 사회주의 국가의 정책 결정 과정에서는 이것이 독재의 수단이자 독재를 정당화하는 도구가 된다는 비판을 초래한다.

일반적으로, 사회주의 국가에서 민주적 집중제의 최상위를 점하는 조직이 공산당 정치국이다. 정치국은 일종의 집단 지도 체제를 구현하지만, 만약 일인이 정치국의 권력을 장악하게 되면 민주적 집중제는 일인 독재를 지원하며 이를 위해 전체 사회를 통제하는 시스템으로 전락한다.

국가사회주의의 특성은 스탈린 통치 시대에 접어들면서 완결된다. 스탈린은 서구 유럽에 비해 뒤처진 소련 경제를 신속히 발전시키기 위한 방안으로 정부가 주도하는 계획 경제 체제를 도입한다. 시장 경제 체제와는 대립적인 정부 주도 계획 경제 체제는 초기에 괄목할 만한 성과를 보이지만, 1980년대 이후 급격한 비효율성을 보이면서 소련 및 동구권 몰락의 단초로 작용한다.

스탈린식 정치의 특색은 국가사회주의의 구성 요소는 아니지만 소련의 정치를 모방하는 여타 사회주의 국가의 롤모델로 기능하면서 사회주의 국가의 공통된 특성으로 부상한다. 계획 경제 체제를 유지하기 위한 필요성뿐만 아니라 강력한 사회 통제를 목적으로 한 거대한 관료제의 구성은 국가사회주의의 보편적 특성이 된다. 스탈린의 독재 권력 유지를 위한 개인숭배 정책과 정치적 반대파의 색출 및 처벌을 위한 비밀경찰 등 권력 비호 조직의 운용 등도 여타 국가들이 모방하면서 사회주의 국가의 공통적 특성으로 자리매김하게 된다.

북한이 채택한 국가사회주의의 형태 또한 상기 논의한 특성들로부터 크게 벗어나지 않는다. 북한은 마르크스-레닌주의와 스탈린주의의 토대 위에서 민족주의와 유기체적 사회구성론 등 몇 가지 논리들을 추가한 이른바 주체사상을 국가이념으로 내세우지만 북한 국가사회주의의 본질은 마르크스-레닌주의와 스탈린주의에 귀속된다. 중국이나 베트남의 개혁개방 정책은 시장경제의 활성화를 통한 스탈린주의의 국가 계획 경제로부터의 부분 이탈을 의미한다. 하지만 이들이 국가사회주의를 지속시키는 한 마르크스-레닌주의는 이들 국가의 이념적 토대로 존속한다.

민주정과
공화정의 태동

다시 본래 주제로 돌아와서, 민주정과 공화정은 어떠한 차이를 갖는 것일까? 민주정은 광의적 개념으로 사용될 때, 다수의 지배, 국민 주권, 개인의 기본 권리와 자유의 보장, 공정한 정치적 경쟁, 주기적으로 이루어지는 선거, 선출된 국민 대표에 의한 통치, 법치주의 등 다양한 원칙들을 특성으로 내재한 정치체제로 이해된다. 하지만 이러한 광의적 개념이 학자들이나 일반인 모두에게 공통적으로 통용되는 것은 아니다. 우리는 민주정에 대한 상세한 논의를 뒤에 진행할 것이다. 우선은 일반 사람들이 이해하는 민주정의 개념을 토대로 논의해 보자.

앞서 언급된 여러 원칙은 모든 이의 동의하에 민주정의 특성으로 받아들여지는 것은 아니다. 민주정을 규정할 때 많은 이들은 현대 선진 민주주의 국가들의 정치 구조나 정치 양태를 민주정의 특성으로 일치시키는 경향이 있다. 하지만 이들 국가는 각자의 특성을 표출하면서 다변화된 정치 구조와 정치 양태를 선보인다. 이들 국가의 공통적 특성을 추출한다고 할지라도 이들 특성에 대한 각 사회의 선호도 및 중요성의 가중치도 다르기 때문에 민주정의 개념에 대한 의견 일치를 기대하기는 쉽지 않다. 아울러, 민주정을 구성하는 여러 원칙이 항상 조화롭게 상호 작용하는 것도 아니고 민주정을 논의하는 이들의 시각 차이도 존재하기 때문에 민주정의 광의적 개념은 많은 논란을 야기한다.

민주정을 태동시킨 것으로 알려진 고대 그리스의 도시국가에서는 통상 민주정을 다수의 정치 혹은 다수의 지배라는 협의적 개념으로 한정하여 사용하였다. 다수의 정치에 대한 평가는 현대의 대중민주주의가 자리 잡기 전까지는 우호적이지 않았다. 우매한 대중의 변덕스러운 정치라는 부정적 인식은 민주정을 태동시킨 그리스에서도 예외가 아니었다. 민주정 혹은 민주주의에 대한 평가가 우호적으로 바뀐 것은 지난 세기에 이르러서였고, 이후 용어가 지니는 긍정적 이미지 때문에 거의 모든 국가가 자신의 정체를 민주정으로 명명하고자 시도하였다.

각 사회가 표방하는 중심 가치와 사회적 지향점에 대한 상이한 견해들은 이념적으로 상이한 민주정의 형태들을 만들어냈다. 자유주의의 가치를 전면에 내세우는 자유민주주의 국가도 있고, 사회주의의 가치를 강하게 투영시키는 사회민주주의 국가도 존재한다. 소수의 지성을 강조하는 엘리티즘이나 특정 종교의 교리 구현을 내세우는 국가들조차도 민주주의의 호칭을 얻고자 시도한다.

물론 이들이 민주주의의 보편적 원칙들을 만족시킬지의 여부는 별개의 문제이다. 우리는 역사 속에서 민주주의의 가식적 기치만을 앞세운 수많은 독재국가나 신정국가들을 빈번하게 목격해 왔으며, 이들을 비민주적 국가의 범주로 분류한다.

공화정이란 단어는 공적 영역 혹은 공적 사안을 의미하는 라틴어리스 퍼블리카res publica에서 유래한다. 고대 로마에서 공화정은 일반적으로 독점적 권력을 보유한 왕이 부재하고 정치권력이 인민에게 속하는 정체를 의미하였다. 리스 퍼블리카는 시민공동체를 의미하는 그리스어 폴리테이아politeia의 로마식 번역으로 알려져 있다. 민주정이 아테네 등 그리스의 작은 도시국가에서 발전하였듯이, 공화정 역시 이탈리아 반도의 작은 도시 지역 정치공동체에서 태동하였다. 이후 공화정은 오랜 기간 동안 소규모 정치적 자치공동체가 구현하는 정체로 이해되어 왔다.

민주정과 공화정의 역사적 탄생 장소가 고대 그리스와 이탈리아로 구분되기 때문에 일부 학자들은 이들 사이의 차이점을 부각시키고자 시도하였다. 하지만 이 두 가지 정체는 중첩된 특성들을 광범위하게 보유하며, 따라서 이들 용어는 오랜 기간 동안 상호교환이 가능한 동의어처럼 사용되어 왔다. 지난 세기 이후 공화주의 이념republicanism에 대한 관심이 일부 증가하면서 공화정의 독특한 특성을 강조하며 민주정과 차별화를 꾀하는 학술적 시도들이 있었지만 학계의 폭넓은 지지를 확보하는 데는 아직 미흡한 상황이다.

민주공화정의
의미

　　　　　　　　몽테스퀴에는 그의 저서 『법의 정신』Spirit of Law
에서 국가의 정체를 군주정monarchy과 전제정despotism, 그리고 공화정
으로 구분한다. 군주정과 전제정은 일인 통치를 기반하는 하는 정체로,
이 둘 사이의 구분은 통치자의 권력을 제한하는 법의 유무로 판단하였
다. 그리고 공화정은 일 개인에게 국가의 통치권이 귀속되지 않는 모든
정체로 규정하였다.

　　몽테스퀴에는 공화정을 재분류하여 정치적 권한이 소수에게 제한
적으로 허용되면 귀족공화정, 다수의 시민에게 허용되면 민주공화정으
로 구분하였다. 그는 공화정의 핵심 특성을 소규모 정치공동체에서만
가능한 정체로 파악하였다. 그는 민주공화정의 특성으로 전체를 위해
자신을 희생할 수 있는 정치적 덕성이 충만하고 경제적 불평등에 기인
한 사회적 갈등이 최소화된, 이른바 평등을 사랑하는 정치 체계라고 규
정하였다. 몽테스퀴에는 넓은 영토와 많은 인구를 가진 국가는 공화정
이 적용될 수 없다고 믿었고, 그 경우에는 제한적 군주정이 더 적합하
다는 견해를 펼쳤다.

　　현 세기의 국가 중 몽테스퀴에가 규정한 민주공화정의 특성을 충
족할 국가는 찾기 힘들다. 민주공화정이라는 어휘가 몽테스퀴에의 저
서에서 발견되기는 하지만, 우리나라를 비롯하여 일부 국가들이 사용

하는 민주공화정이란 정체의 연원을 몽테스퀴에로 귀속시키는 것은 무리이다. 그가 규정한 민주공화정의 개념과 과도한 괴리가 존재하기 때문이다. 혹자는 몽테스퀴에의 분류법을 토대로 공화정을 일인 통치인 군주정에 단순 대칭되는 개념으로 이해하려 시도한다.

하지만 군주가 있고 없음을 밝히기 위해 공화정이라는 용어를 헌법 1조에 굳이 기술했다는 주장은 설득력을 지니기 힘들다. 정치적 실권을 갖지 않는 상징적인 왕의 존재 여부를 헌법의 첫 구절에 굳이 기술할 필요성이 있을까? 민주정은 일인 통치와는 거리가 먼 개념이고, 따라서 민주공화정이 아닌 민주정의 용어 표방만으로도 공화정의 의미를 충분히 포괄할 수 있기 때문이다.

민주공화정이란 표현을 합리화하기 위해 어떤 이들은 이것이 민주정과 공화정이란 양자의 특성을 병합한 정체라고 주장한다. 이러한 주장이 합리성을 지니려면 민주정과 공화정이 상이한 특성을 가진 정체라는 점이 확인되어야 한다. 그리고 이들 두 정체의 상이한 특성들이 어떻게 혼합된 것인지에 대한 구체적 설명이 추가되어야 한다. 민주공화정이 상이한 두 개 정체를 혼합한 것이라면 이 둘이 어떻게 혼합되는지에 따라 민주공화정은 다양한 모습을 보일 것이다.

따라서 민주공화정을 표방한 국가는 다양한 민주공화정의 모습 중 어떤 것을 선택했는지를 추가로 설명해야 한다. 다시 말해, 우리 헌법에 기술된 민주공화정을 민주정과 공화정의 혼합으로 이해하려면 먼저 민주정과 공화정에 대한 정확한 의미를 확인하고, 나아가서 우리 헌법이 수용하는 민주공화정의 내용이 이들 두 정체의 특성들을 어떻게 취합한 것인지에 대한 설명을 확보해야 한다.

문제는 이러한 설명이 헌법 제정 당시에도 부재했고, 이후 어느 정치인이나 헌법 관련 전문가들에 의해서도 제시되지 않았다는 점이다. 헌법 제정 이후 지금까지 긴 시간 동안 민주공화정은 누구도 명확하게 설명하지 못하는 용어로 존재하여 왔다.

미국의 건국 엘리트들은 처음 헌법을 기안할 당시 민주정과 공화정의 의미에 대해 많은 고민을 하였다. 『연방주의자 논고』 10번에서 매디슨은 민주정을 작은 규모의 정치체제에서만 가능한 직접민주주의로 이해하였다. 반면에 공화정은 큰 규모의 정치체제가 채택하는 대의민주주의(간접민주주의)로 규정하였다.[17] 하지만 39번 논고에서 그는 공화정을 직접민주주의와 간접민주주의의 양자를 모두 포함하는 정체로 고쳐 설명하였다. 공화정과 민주정을 사실상의 동의어로 파악한 것이다.[18]

미국 헌법에는 자국의 정체를 한마디로 요약하는 민주정이나 공화정 등의 정체가 명시되지 않고 있다. 왜 그랬을까? 추정할 수 있는 이유 중 하나는 건국 엘리트들이 이들 어휘의 정확한 의미를 설정하는 데 어려움을 가지고 있었다는 점이다. 어휘의 의미가 불명확해서 사람마다 다른 해석을 한다면 헌법 조문에 넣는 것이 부담될 것이다. 개념 자체가 명확하지 않은 정체의 규정은 도리어 혼선을 초래할 수 있기 때문이다.

미국 헌법 제4조에는 "모든 주에게 공화정의 정부 형태를 보장한다"는 표현이 있으며, 이때 단 한 번 "공화정"이라는 단어가 미국 헌법에 등장한다. 하지만 이 단어가 정확히 무슨 의미로 사용되었는지는 명확하지 않다. 여기에서 공화정은 단순히 정부 혹은 국가를 표현하는 어휘 이상의 의미를 지니기 힘들어 보인다. 일부 학자들은 시민적 덕성, 법치, 부패 없는 정치, 혼합정치 등 공화주의의 현대적 개념과 연계시키며 공화정의 의미를 확장하려 하지만 이러한 노력은 성공적으로 보이지 않는다.

공화정의 정확한 의미를 둘러싼 오랜 논란에도 불구하고 공화정이 다수의 인민에게 주권을 귀속시키는 이상적인 정체라는 인식은 폭넓게 공유되었다. 이는 역사적으로 공화정이라는 단어의 오남용을 초래하는 요인이 되었다. 공화정은 일인의 강압적 권력 행사를 대변하는 군주정이나 제정과는 다르게 정치공동체의 공동 의사를 수렴하는 선의의 정체로 수용되기 시작하였고, 이에 따라 너나 할 것 없이 공화정이란 용어를 사용되면서 국가라는 어휘의 대체어가 되다시피 하였다.

현대 국가들은 긍정적 가치와 이미지를 보유한 민주주의라는 용어를 앞다투어 차용한다. 민주주의가 긍정적 가치내재어value-ladden term로 탈바꿈하기 전까지 민주주의는 우매한 대중의 정치라는 부정적 시각과 긴 시간 동안 투쟁해야 했다. 민주주의에 대한 우호적 시각은 계몽된 시민과 다수의 지혜라는 기치를 내세운 현대 대중민주주의의 부상과 맥을 같이 한다. 대중민주주의가 보편화되기 전까지 민주정에 대한 의구심을 갖은 정치 엘리트들은 공화정이라는 용어의 사용을 선호하였고, 이에 따라 공화정은 민주정과는 달리 오래 전부터 많은 국가가 선호하는 호칭이었다.

군주정과 제정인 국가들도 명칭상으로는 공화정을 자신의 정체로 치장하고자 노력하였다. 신성로마제국조차도 자체적으로 자신을 신성로마공화국으로 호칭하였을 정도였다. 현재 전 세계적으로 160개국 이상이 자신의 공식 명칭에 공화정이라는 용어를 포함한다. 공화정이라는 어휘가 수반하는 긍정적 의미는 할리우드 영화에서도 예외가 아니다. 예전에 인기몰이를 했던 「스타워즈」 Star Wars라는 유명한 영화 시리즈를 보면 선의 편에서 싸우는 이들은 공화국을 수호하는 이들이다. 반면, 악의 편에 있는 이들은 제국의 부역자들로 표현된다.

아리스토텔레스의
정체 구분

도시국가의 구성원들에게 좋은 삶을 제공하는 정치체제가 무엇인지는 고대 그리스인들의 관심사였고, 아리스토텔레스는 당시의 논쟁을 체계적으로 정리한다. 그의 저서『정치학Politics』은 정치체제를 여섯 가지로 구분한다.[19] 이들 정체는 도시국가 전체의 이익을 위해 기능하는 바람직한 세 개의 정체와 피지배자의 이익을 저버린 채 지배자의 이익만을 추구하는 왜곡된 세 개의 정체로 나뉜다.

아리스토텔레스가 정체를 구분하는 핵심 기준은 통치자의 수다. 그는 일인one 통치, 소수few의 통치, 그리고 다수many의 통치라는 세 가지 형태로 정체를 분류한다. 아래 도표는 아리스토텔레스의 여섯 가지 정체 구분을 정리한다.

6개 정체 중 아리스토텔레스가 최선의 정체로 지정하는 것은 왕정 kingship이다. 그는 지혜로운 일인 치자가 구성원 전체에게 행복을 제공하는 공동선의 정치를 실현하는 것을 최선이라 생각하였다. 왕정에 대한 절대적 지지를 보인 이는 그의 스승 플라톤이었다. 플라톤은 최고의 선을 가진 이가 통치하는 '철인정치'의 개념을 내세웠다.[20] 플라톤이 말

아리스토텔레스의 정체 구분

구분		통치자 수		
		일인	소수	다수
통치 형태	좋은 통치	왕정 (철인정치)	귀족정	시민정 (혼합정)
	나쁜 통치	전제정	과두정 (금권정)	민주정

하는 철인이란 진정으로 지혜로운 이를 의미하며, 진정한 지혜를 가질 때 지도자는 자신의 이익보다 전체 사회의 이익을 우선시한다고 플라톤은 주장하였다.

플라톤은 정치공동체의 진정한 공동선은 구성원들 간의 정치적 우애와 화합이라고 생각하였고, 이러한 우애와 화합이 안정적으로 구축되려면 모든 구성원의 신뢰를 확보한 지혜로운 일인 지도자가 필요함을 설파하였다. 우리가 가족이라는 개념을 상정할 때, 지혜롭고 자비로운 가장이 어린 자녀들을 포함하여 가족 구성원 모두를 위한 현명한 결정을 수행하는 것이 가족 전체의 행복을 위해 최선이라는 시각과 일맥상통한다.

하지만 아리스토텔레스는 스승 플라톤의 철인정치가 수반하는 내재적 불안정성에 주목하였다. 정치공동체의 구성원들이 신뢰하는 일인 지도자가 이들의 신뢰를 배신하고, 공동체 전체의 이익보다 자신의 이익을 탐하게 되면 어떻게 될까? 아리스토텔레스는 전제 군주 일인을 위해 모든 구성원이 고통받는 전제정tyranny으로의 타락을 우려했다. 최선의 정체로 평가받는 플라톤의 지혜로운 일인 왕정의 위험성은 그것이 최악의 전제정으로 변질될 수 있다는 것이다. 불구경을 위해 로마 시내를 방화한 네로황제는 전제정의 사례를 구성한다.

철인 왕정의 현실성에 대해 지극히 부정적이었던 아리스토텔레스는 각기 소수와 다수의 좋은 사람들의 통치를 지향하는 귀족정

aristocracy과 시민정polity으로 관심을 전환하였다. 여기에서 용어상 혼선을 초래할 수 있는 귀족정의 의미는 귀족이라는 특정 신분이 이끄는 정치가 아니라 선하고 지적인 엘리트들의 정치로 이해할 필요가 있다.

아리스토텔레스는 수적 다수를 통해 확보할 수 있는 지혜가 소수의 지혜보다 우위를 점한다는 견해를 피력하였다. 문제는 수적 증대를 지향할 경우 원하는 만큼의 지혜로운 다수가 확보될 수 있는가 하는 점이다. 지혜로운 다수를 찾기도 힘들거니와 설령 찾는다 해도 이들이 동일한 수준의 지혜를 갖는 것은 아니기 때문이다.

즉, 다수의 정치를 구가할수록 통치자의 평균 지혜 수준은 하락할 수 있다는 딜레마에 직면하게 된다. 귀족정이 소수의 지혜로운 이들이 이끄는 공동선의 정치라면, 시민정은 다수의 지혜로운 이들의 정치다. 정치를 구현하는 평균 지혜의 수준을 토대로 아리스토텔레스는 좋은 정체의 순위에서 귀족정을 시민정보다 높게 설정하였다.

불완전한 인간 본성이 초래하는 정체의 타락은 귀족정과 시민정의 경우에도 예외가 아니다. 지혜로운 소수가 공동선을 위해 통치하는 귀족정은 이들 소수가 사익에 눈이 멀 경우 과두정oligarchy으로 타락한다. 과두정은 소수 지배자의 사익 추구를 위해 다수가 희생하는 불의한 형태의 정체이다. 아리스토텔레스는 과두정의 한 형태로 부를 가진 소수가 자신의 사익을 추구하며 지배하는 금권정plutocracy을 소개한다. 소수의 자본가가 다수의 노동자를 착취한다고 마르크스가 규정한 자본주의

체제를 연상시키는 정체이다.

다수의 정치를 구현하는 시민정 또한 타락의 위험성이 면제되지는 않는다. 시민정의 타락은 민주정democracy으로 이어진다. 민주정은 지혜 없는 다수의 정치를 특성으로 하며, 다수의 수적 우위를 통해 소수를 탄압할 여지를 노정한다. 민주정은 아리스토텔레스가 규정한 세 개의 왜곡된 정체에 속하지만, 이들 중에서는 가장 덜 나쁜 정치로 이해된다.

최소악의 민주정

민주주의의 가치를 높게 평가하는 현대의 시각에서 볼 때 아리스토텔레스가 민주정을 나쁜 정치로 구분한 것은 의아하게 생각될 수 있다. 민주정은 아리스토텔레스가 규정한 세 개의 나쁜 정체 중 하나를 구성한다. 다수의 지배를 구현하는 민주정은 역시나 다수의 지배를 내세우는 시민정이 왜곡되고 타락한 정치 체제로 특징 지워진다.

아리스토텔레스에게 있어서 민주정은 구성원 전체의 이익을 지향하지는 않는다고 할지라도 최소한 다수 구성원의 이익을 도모하는 정체로 기능한다. 그래서 민주정은 일인이나 소수의 이익에만 몰두하는 전제정이나 과두정과 비교할 때 정체의 정당성 면에서 상대적 우위를 갖는 것으로 평가받는다.

우리 인간이 완벽한 품성의 소유자들이고, 우리가 선택한 지도자가 사익에 앞서 공익을 항상 우선시하는 이들이라면 우리의 선택은 당연히 세 개의 좋은 정체로 모아질 것이다. 하지만 우리가 실제 삶을 영위하는 현실 세계는 지도자의 타락이 초래할 정체의 왜곡 현상을 항상 우려해야 한다. 세습된 지도자는 말할 나위도 없고, 설령 피지배자들이 선출한 지도자라 할지라도 권력을 장악한 후의 태도는 확신할 수 없다.

이들 지도자는 선거 전에는 자신이 철저히 공익을 추구하는 정의의 집행자가 될 것임을 외치지만 선거에서 승리한 후 자신이 얻은 권력에 취하게 되면 자신이 내세웠던 정의의 약속을 종종 외면해 버린다. 장 자크 루소Jean-Jacques Rousseau는 이러한 정치인들의 행태를 파격적인 표현으로 비난한다. 그는 인민이 주인으로서 자유로운 것은 선거 당일뿐이고, 선거가 끝나는 순간 인민은 다시 노예로 전락한다고 말한다.[21]

인간의 불완전성은 바람직한 정체를 모색하는 정치 사상가들을 고민하게 만드는 요인이다. 이상적 정체와 현실 가능한 정체 사이의 고민은 인간의 불완전성을 어디까지 극복할 수 있는가에 대한 고민이기도 하다. 그리고 소수의 불완전성과 다수의 불완전성 사이에서 어느 편에 신뢰를 더 두어야 할지에 대한 고민이다.

현실성을 떠난 이상적 정체만을 찾는 것은 해법이 아니라 재앙의 단초가 될 수 있다. 고대 그리스 당시 최선의 정체로 인식되었던 철인 왕정은 언제든지 최악의 정체인 폭군의 전제정으로 추락할 수 있다. 불완전한 인간성이 현실 세계 속 지도자의 일반적 특성이라면 우리의 노력은 이상적 정체의 선택이 아니라 현실적으로 최선인 정체의 정립에 초점이 맞추어져야 한다.

다수 정치의 강점은 불완전한 인간성에서 비롯되는 정체의 타락이 초래할 폐해를 최소화한다는 점이다. 민주정은 최선the best의 정체와는 거리가 멀다 할지라도 최소악the least bad의 정체로 자리매김된다.[22]

최소악의 정체는 사회과학자들이 사용하는 '최소극대화 원칙minimax principle'의 논리와 상응한다. 좋은 정치가 항상 구현될 수 있다면 다수의 지배는 특별히 선호될 선택은 아니다. 플라톤이나 아리스토텔레스와 같은 고대 그리스인들에게 다수의 정체는 일인 및 소수의 정체에 비해 열등한 지위를 갖는다. 하지만 현실에서 존재하는 나쁜 정치를 염두에 둔다면 다수의 지배는 권력의 남용을 최대한 방지하고 정의를 보존하는 가장 효율적인 정체로 부상한다. 민주정에 대한 합리성은 이러한 사고에 근거한다.

아리스토텔레스의
선택

모든 시민이 정치에 참여하는 직접민주주의를 구현했던 것으로 알려진 기원전 4세기 아테네 시민권자의 수는 약 3만 명이었다. 아테네 전성시대의 전체 거주인이 30만 명에 달했을 것이라는 추정을 보면 시민권자의 수는 전체 인구의 약 10분의 1 수준으로 계산된다. 나머지 90%에 해당하는 이들은 시민권을 보유하지 못한 많은 수의 노예와 여성과 아이들이었다. 아테네에서 장기간 거주하고 활동하는 이들조차 아테네에서 태어나지 않은 이상 시민권이 부여되지 않았다. 그래서 아리스토텔레스 같은 당대 최고의 학자도 아테네 시민권이 없었다.

10%의 제한된 인구인 시민권자들만의 정치 참여를 보고 아테네의 직접민주주의에 대해 다소 실망하는 이도 있을 것이다. 하지만 19세기 후반에 접어들면서 민주주의가 보편화되기 전까지 인류 역사에서 대다수 국가의 정체는 군주제 혹은 귀족제였다는 사실을 감안할 필요가 있다. 2500년 전 그리스 도시국가에서 인구의 10%에 해당하는 이들이 정치에 공동으로 참여하는 정치 제도를 운영했다는 사실은 실로 놀라운 일이 아닐 수 없다.

다수의 통치를 극대화하는 방안은 통치와 피통치의 양자적 영역을 넘나드는 정치 순환적 방식의 정치공동체 구성을 꾀하는 것이다. 다수

통치의 이상적 조건은 치자와 피치자의 역할이 지속적으로 교환되어 이들 다수가 치자와 피치자의 양자적 덕성을 보유하는 것이다. 치자 및 피치자로서 경험을 가진 다수는 상호 절제와 진중함의 덕을 배우며 개인으로서의 편협한 이기주의를 극복하게 된다. 아테네 민주정은 이러한 목표를 달성하기 위한 구체적 구상이었다.

광의적 개념으로 민주주의를 규정하는 이들은 공정한 정치적 경쟁이나 주기적 선거 등을 민주주의의 기본 특성으로 꼽는다. 이들은 자유롭고 공정한 선거 없이는 민주주의 국가로 규정될 수 없다고 말한다. 하지만 아테네인들이 보기에는 선거 자체가 자유롭고 공정한 정치적 경쟁은 결코 아니었다. 그들은 지명도가 높거나 재산이 많은 귀족들이 선거에서 압도적으로 유리할 수밖에 없다고 믿었다.

그래서 선거는 아테네 직접민주주의의 기본 원칙이 아니었다. 선거가 가지는 불공평성 때문에 아테네인들은 추첨에 의한 공직 선임을 가장 중요한 원칙으로 내걸었다. 공직 수행이 가능한 조건은 30세 이상의 시민권자로, 이에 해당하는 수는 약 2만 명으로 더욱 한정되었다. 공직을 원하는 이들은 납세의 의무를 충실히 이행하고 민주정에 대한 확고한 신뢰를 가져야 했다. 흥미롭게도 공직 지원자의 조건에는 부모 존경이라는 사항도 포함되었다. 아테네는 약 600명의 행정직을 제비뽑기로 선택하였고, 이 수는 전체 행정직 중 85%를 상회했다. 임기는 1년이었고, 동일 직책의 반복 임명은 허용되지 않았다.

다수 지배의 문제점은 가장 작은 국가라 할지라도 모든 다수가 순차적으로라도 통치자의 역할을 담당하기는 어렵다는 점이다. 설령 전체 다수가 통치 역할을 부여받을 수 있는 통치 순환 구조라 할지라도 이들이 모두 통치자로서 자질을 확보하기를 기대하는 것 또한 힘들 것이다. 즉, 다수의 통치는 통치 역량을 지닌 덕성의 소유자를 충분히 수적으로 확보하기 어렵다는 문제점에 직면한다. 민주정의 한계는 다수의 통치가 통치 역량을 결여한 수적 다수의 통치로 변질될 위험성을 보유한다는 점이다.

아테네 민주정 또한 이 같은 문제점에 직면했고, 따라서 도시국가의 모든 직책을 전문성이 결여된 시민들로만 채우지는 않았다. 전쟁 수행이나 재정 관리와 같은 전문성을 필요로 하는 직책은 불가피하게 선거로 충원하였다. 지속적 연임이 가능했던 이들 직책은 상위층 가문에서 주로 충원되었다. 추첨이 아닌 선거로 공직을 충원한다고 해서 얼마만큼 전문성 제고가 이루어졌는지는 논란을 야기하는 이슈다. 선거에 의한 충원은 전문성 이슈를 떠나 아테네의 정체를 규정하는 데 영향을 미친다. 이는 아테네가 공식적으로 다수 시민의 민주정을 표방했다고 하지만, 기실은 민주정과 과두정이 결합된 혼합정치의 성격을 내재했음을 의미한다.

아리스토텔레스의 아테네 민주정에 대한 평가는 복합적이었다. 그는 아테네 민주정이 보이는 우민정치의 양태에 비판적 시각을 내보였지만, 다른 한편으로 "자유인의 통치"를 구가하는 아테네 민주정에 대한 기대를 접지 않았다. 그는 민주정과 과두정을 비교하면서 소수 부자들이 저지르는 잘못보다 일반 민중이 저지르는 잘못이 정치 질서에 덜 파괴적이라고 주장하며 민주정을 옹호하였다. 또한 민주정에서는 통치자들 간의 내분 가능성이 낮기 때문에 과두정보다 안정적인 정체라고 파악하였다. 나아가서 그는 민주정이 다수의 동등한 사람들을 만들어 내고 이들 동등한 사람들은 더 많은 공통성을 보유하기 때문에 사회 내에 더 넓은 범위의 친애와 정의의 환경을 조성한다고 믿었다.[23]

그럼에도 아테네 민주정은 모든 시민의 참여를 보장하는 평등의 가치와 최선의 역량을 보유한 이들을 선별하는 우수함merit의 가치 사이에 내재하는 긴장을 해소하는 데 분명 만족스러운 정체가 될 수는 없었다. 그래서 아리스토텔레스의 관심은 아테네 민주정을 개선하는 방안 모색에 놓였다. 민주정의 한계성을 극복하는 대안 정치는 시민정이었다. 이상적인 시민정은 통치 역량을 보유한 다수에 의한 정치 구현이다. 이는 통치 역량을 결여한 시민을 통치의 역할에서 제한시키는 선별된 다수의 정치를 도모하는 것이라 할 수 있었다. 아리스토텔레스는 시민정을 부자와 빈자 사이의 계급적 견제와 균형을 모색하는 이상적 '혼합정치'로 파악하였다.

혼합정치의 문제점은 부자와 빈자 사이 갈등의 여지가 상존한다는 점이다. 아리스토텔레스는 이들 두 계급 간의 갈등을 완충시키는 현실적 방안으로 광범위한 중산층의 형성을 기대하였다. 두터운 중산층이 존재할 경우 다수 빈자와 소수 부자의 첨예한 갈등은 완화될 수 있다. 그는 또한 혼합정치를 안정시키기 위한 방안으로 입헌주의의 필요성을 추가적으로 제기하였다.

아리스토텔레스가 제기한 두터운 중산층이나 입헌주의는 현대의 안정적 민주주의가 지니는 일반적 특성과도 일치한다. 민주주의를 광의적 개념에서 규정할 때 언급되는 권력 분립, 법치주의, 주기적 선거 등의 특성은 기실 다수 지배의 안정적 유지를 위한 장치들이라고 할 수 있다.

자유민주주의의 특성

민주주의의 특성을 논의할 때 많은 이들이 이를 자유민주주의의 특성과 일치시키는 경향이 있다. 자유민주주의는 자유주의를 이념적 지향점으로 설정한 민주주의를 지칭한다. 근대 민주주의의 발전 과정에서 자유주의의 기여는 지배적이며, 따라서 자유주의의 속성이 민주주의의 이론 구성에 지대한 영향을 끼쳤음은 의심의 여지가 없다.

그럼에도 민주주의 이론 체계는 자유주의에만 의존하지 않는다.

사회주의 이념 체계를 지향점으로 하는 사회민주주의도 존재하며, 과거 소련이나 현재 북한과 같은 국가사회주의를 표방하는 국가들도 자신들을 민주주의 국가로 규정한다. 어떤 이는 자유민주주의가 공산주의에 대칭되는 반공산주의를 표방하는 정체로 이해하기도 한다. 물론 자유민주주의가 반공산주의와 일체화될 수 있는 개념은 아니다. 아울러, 자유주의는 다양한 이론적 분파들을 보유하며, 따라서 자유민주주의의 개념을 일목요연하게 규정하는 것 또한 쉬운 일이 아니다.

자유주의가 무엇인지에 대해 잠시 논의해 보자. 자유주의는 개인의 자유와 자율성이 최대한 만개할 수 있는 사회를 지향한다. 자유주의의 가장 기본적 개념은 개인의 개체성과 보편적 이성이다. 자유주의는 근대 이래로 개인 개체성과 보편적 이성이란 개념을 이끌어내고, 이 개념의 토대 위에서 개인의 자유와 권리의 보호를 강력하게 주창한다. 개인 개체성이란 각 개인이 사회의 구성원이란 의미를 부여받기 이전에 독자적인 존재였음을 함의한다. 또한 보편적 이성은 독자적 존재인 각 개인이 자신의 이해관계를 판단할 수 있는 기본적 사고력을 보유한다는 의미를 갖는다.

근대 사회가 이끌어낸 개인 개체성과 보편적 이성의 개념은 중세 시기까지 지배적이었던 유기체적인 사회 구성 시각을 뒤엎는다. 유기체적 사회란 인간의 각기 다른 장기들이 하나의 신체를 구성하며 통일된 일체성을 갖듯이, 사회 또한 다양한 구성원들이 상호 보완적 관계를 형성하면서 질서 있고 조화로운 하나의 공동체를 형성한다는 개념이다.

인간 신체에서 분리된 눈과 입과 손 등이 존재의 의미를 지니기 힘들 듯 유기체적인 사회 시각은 사회로부터 유리된 구성원의 삶이 의미를 가질 수 없다고 말한다. 즉, 유기체적 시각에서 부분과 전체는 공존하는 것이며, 공존이 조화롭게 이루어질 때만이 모든 부분이 존재의 의미를 갖게 된다. 이 시각에서는 개인의 독자적 개체성은 인정되지 않으며, 개인은 사회 속에서 태어나고 성장하고 소멸하는 존재로 이해된다.

근대의 기계론적인 사회 시각은 개인이 본원적으로 독자적인 개체라는 입장에서 출발한다. 이들 개인은 애초부터 사회에 속한 구성원으로 태어나는 것이 아니다. 이러한 독자적 개인의 존재는 사회의 생성을 앞서며, 사회는 이들의 필요에 따라 사후에 만들어지는 구성체다. 홉스와 로크 같은 근대 사상가들의 사회계약설은 개인이 의지에 의해 자신의 이해관계를 판별한 후 사회 구성에 참여할지를 결정한다는 것을 상징적으로 명시한다.

사회계약이란 계약 관계에 들어갈 때의 이익과 손실의 양자를 판별한 후 이루어지는 자발적인 개인 결정의 결과물이다. 개인이 계약에 참여할 때 요구되는 선제 조건이 보편적 이성이다. 자신이 가질 이익과 손실을 스스로 판단할 수 없다면 계약은 성립될 수 없다. 모든 개인이 자신의 이익과 손실을 판별할 수 있는 사고적 능력을 보유한다는 전제가 바로 보편적 이성이다.

보편적 이성의 개념은 근대 시대의 산물이다. 사회의 구성을 인간 신체처럼 파악하는 유기체적 시각에서 보편적 이성의 개념은 성립되지 않는다. 인간 신체의 다양한 장기들이 인간의 뇌처럼 사고할 수는 없다. 손과 발과 허리처럼 육체적 기능을 담당하는 장기에게 두뇌의 사고하는 기능을 기대할 수는 없다. 인간의 모든 신체 부위가 중요하듯이 사회 내의 모든 구성원 또한 중요하다. 하지만 모든 구성원이 사고할 수 있는 능력을 보유하지는 않는다.

중세 교회의 핵심 기능은 신과 인간 사이의 매개체로서 신의 섭리를 인간에게 전달하는 역할을 수행한다. 모든 개인이 신의 섭리를 올바르게 이해할 수 있는 이성을 갖고 있다면 교회의 역할은 축소된다. 프로테스탄티즘은 개인의 손에 성경만 주어진다면 스스로가 신의 섭리를 파악하고 신의 의지에 부응하는 삶을 영위할 수 있다는 주장을 펼친다. 이는 개인이 굳이 바티칸 중심의 교회에 의존하지 않고도 성경을 통해 신에게 접근할 수 있다는 종교개혁의 태동을 이끈다.

그리고 이 사고의 저변에는 모든 인간이 신의 섭리를 이해할 수 있는 기본적 이성을 가진다는 전제가 존재한다. 프로테스탄티즘이 촉발한 개인 이성의 개념은 자유주의 논리의 핵심적 토대를 구성하며 보편적 이성의 개념으로 발전한다. 이성이라는 인간 역량이 사회 안의 소수만이 보유한다는 과거의 시각을 허물고 자유주의는 모든 인간이 이성을 보유한다는 시각을 전개한다.

앞서 진행한 논의를 토대로 자유주의를 조금 더 구체적으로 규정해 보자. 자유주의는 각 개인이 자기 삶의 주체로서 자신이 지향하는 삶의 목표와 가치와 방식으로 삶을 영위하는 것을 지지하는 이념이다. 그리고 개인이 지향하는 삶을 최대한 보장하는 사회 및 제도의 구축을 지지하는 이념이다. 개인이 자기 삶의 목표와 가치와 방식을 설정하는 데 보편적 이성이라는 개념이 필수적으로 수반되어야 함은 의문의 여지가 없다.

자유주의 사회의 딜레마는 개인이 각기 다른 삶의 목표와 가치와 방식을 추구함에 따라 매우 다양한 사람들이 난립하는 사회가 만들어질 수 있다는 점이다. 우리 사회에는 생각과 기호와 취향 등이 상이한 사람들이 존재한다. 이러한 사람들이 제각기 자신의 입장을 과도하게 주장하면 수많은 사회적 갈등이 야기될 것이다.

서로 다른 생각과 기호와 취향을 가진 사람들이 상호 공존하려면 어떻게 해야 할까? 자유주의는 구성원 사이의 상호 공존을 위한 방법으로 관용tolerance을 강조한다. 관용의 정신은 내 삶의 방식을 싫어하는 사람이 내 삶의 방식을 참고 인정해 주기를 바라듯이 나 또한 내가 싫어하는 방식의 삶을 사는 이들을 참고 인정할 것을 요구한다.

자신은 이성애의 성적 취향을 가졌다고 할지라도 동성애의 성적 취향을 가진 이의 삶을 참고 인정하는 것이 자유주의가 주창하는 관용의 정신이다. 낙태에 반대하는 이가 낙태 지지자들의 의견에 전적으로 동의하기는 힘들겠지만 그들의 입장을 허용할 때만이 평화로운 사회 공존이 가능하다. 상대의 사고와 행동에 완전히 만족할 수는 없겠지만 공존을 위해서는 서로 참고 상대방의 입장을 수용해야 한다는 것이다.

자유주의는 개인의 자유와 권리를 핵심적 가치로 내세운다. 그렇다고 해서 자유주의 사회가 개인에게 마음대로 행동할 자유와 권리를 허용하는 것은 아니다. 한 개인의 자유로운 행위가 다른 개인의 자유로운 행위를 제약하는 상황이 야기될 수 있기 때문이다. 야밤에 조용한 주택가에서 고성방가하는 자유를 허용하는 자유주의 국가는 존재하지 않는다. 그러면 자유주의 사회가 개인의 권리와 자유를 허용하는 적정 범위는 무엇일까? 또한 개인의 자유와 자율성을 최대한 확장하는 사회는 어떠한 모습을 구현해야 하는 것일까?

이에 대한 의견은 자유주의자들 내에서도 다양하게 존재한다. 개인의 자유와 권리의 영역은 자유주의 사회에서 지속적인 논쟁의 대상이다. 낙태의 자유, 안락사의 자유, 동성결혼의 권리, 매춘의 자유 등은 개인의 자유와 권리의 허용 범위와 관련하여 모든 자유주의 사회가 고민하는 이슈들이다. 자유주의자들 중에는 개인의 자유를 제한하는 핵심 주체가 국가와 사회라고 생각하는 이들이 존재한다. 이들은 개인의 자유와 자율성을 확장하는 최선의 방법은 국가와 사회의 간섭을 최대한 배제하는 것이라 주장한다.

이들 우파 자유주의자들은 경제 및 사회의 모든 영역에서 국가의 간섭을 최소화하는 것이 진정한 자유주의 구현에 접근하는 것이라고 믿는다. 반면 진보적 자유주의자들은 개인의 자유와 자율성의 범위는 외부의 간섭이 없다고 해서 확장되는 것은 아니고, 개인이 진정으로 자신이 지향하는 삶을 추구할 수 있는 기본적 환경을 향유하도록 국가와 사회가 지원해 주어야 한다는 입장을 표명한다.

이들은 사회 구성원의 기본적 삶의 조건을 마련하는 데 인색한 사회는 말뿐인 자유주의 사회라고 주장한다. 개인의 자유와 권리의 적정 범위에 대한 논란은 자유주의 내 분파들을 다양하게 생산한다. 그리고 이들 분파들을 포괄하는 자유주의의 이론적 지평은 좌우 이념의 토대 위에서 넓게 펼쳐진다. 이같은 이유로 자유민주주의의 개념과 특성 또한 폭넓은 차이들을 노정한다.

개인의 자유와 권리에 방점을 둔 자유주의는 사회 평등의 가치를 전면에 내세우는 사회주의 혹은 공산주의와 대척점에 위치하지만, 파시즘과 같은 극우적 전체주의 이념과도 상극의 입장을 취한다. 또한 개인 권리와 자유를 억압하는 독재 체제와도 융합할 수 없는 이념적 입장을 취한다. 공식적으로는 자유민주주의의 기치를 내걸지만 실제는 독재정치가 만연된 정치 후진국들의 사례는 우리의 근대사에서도 결코 낯설지 않다.

반공의 기치를 내건다고 해서 자유민주주의자가 되는 것은 결코 아니다. 자유민주주의자는 우리 사회의 모든 구성원의 자유와 권리를 최대한 확장할 수 있는 사회가 어떠한 모습을 가져야 하며, 또한 그러한 사회를 어떻게 달성해야 할 것인지에 대해 지속적 고민을 수행하는 이에게만 그 명칭이 허용된다.

공화정의 덕성

공화주의자들은 공화정을 시민적 덕성의 개화, 덕성을 위축시키지 않는 부패 없는 사회, 자치를 실현하는 적극적 시민 참여, 입헌주의로 대변되는 법의 정치, 사회적 세력 균형의 혼합정체 등의 특성을 지닌 정체로 규정된다. 이러한 공화정의 개념은 사실 광의적 민주주의 개념과 커다란 차이를 보이지 않는다. 공화정이란 용어는 18세기까지도 명확한 개념을 갖지 못한 채 매우 혼란스럽게 사용되었다. 고대 로마 시대로 소급하면 공화정이란 용어는 민주정과 사실상의 동의어로 사용되었다.

공화정의 개념을 민주정으로부터 구분하고자 시도하는 공화주의자들은 시민적 덕성의 품목을 특히 강조한다. 이들은 모든 시민이 사회 전체를 위한 공공선의 가치를 존중하고 이를 위해 때로는 자기희생을 감수할 수 있는 자세를 지녀야 한다고 주장한다. 신공화주의자들은 자신들의 주장을 이론적으로 구체화하기 위해 비지배non-domination라는 개념을 도출한다. 비지배는 불간섭non-interference으로 특징화되는 자유주의의 소극적 자유 개념과는 차별화되는 개념으로, 사회적으로 동의된 목표, 규칙 및 절차가 명확히 설정되지 않은 권력의 독단적이고 전제적인 처분으로부터 자유로운 상태를 의미한다. 다시 말해, 비지배는 국가 규제가 독단적이고 전제적인 형태로 이루어지지 않는다면 국가의 간섭이 개인 자유를 축소시키지 않는다는 입장을 개념화한다.

신공화주의자들이 도출하는 비지배라는 개념의 현실적 유용성은 학술적 논란의 대상이다. 불간섭과 비지배의 경계선을 나누는 기준 자체가 현실에서는 모호할 수 있을 뿐만 아니라, 불간섭이 이들 신공화주의자가 주장하는 것처럼 모든 자유주의자가 집착하는 가치도 아니다. 불간섭의 가치는 자유지상주의자libertarian와 같은 우파 자유주의자들에게는 핵심 가치일 수 있지만, 여타 자유주의자들은 이미 적극적 자유의 개념을 폭넓게 수용하기 때문이다. 즉, 진보적 자유주의자들은 사회적 약자의 자유와 권리 신장을 위한 복지정책에 부자의 재산권을 일부 제약하는 것이 자유주의 사회의 목표에 부응한다는 입장을 취한다. 아울러 자유주의자들은 공화주의자들이 강조하는 시민적 덕성이 결국은 개인의 무리한 자기희생을 요구하는 부작용을 초래한다고 지적한다.

공화주의자들은 개인 자유와 권리를 강조하는 자유주의가 공공선의 개념을 상실한 이기적인 개인을 만들어낸다는 시각에 근거하여 시민적 덕성을 강조한다. 자유주의자들은 공화주의자들의 비판점은 이해하지만 시민적 덕성은 좋은 공동체를 만들어내기 위한 하나의 도구에 불과하며, 이 도구를 통해 달성할 궁극적 목표에 대한 공화주의자들의 설명이 인색함을 비판한다. 사실 자유주의의 시각 내에서도 과도한 개인 이기주의의 문제점에 대한 논의는 공동체주의자communitarian 등에 의해서 폭넓게 이루어지고 있다.

마키아벨리의 공화정

신공화주의자들은 시민적 덕성과 더불어 올바른 법, 제도 및 규범의 중요성을 강조한다. 좋은 법과 제도, 그리고 시민적 덕성은 마키아벨리가 자신의 저서 『군주론』과 『로마사 논고』에서 되풀이하여 강조하는 것이고, 따라서 신공화주의자들의 주장은 마키아벨리로부터 많은 영향을 받는다.[24] 도덕성과는 무관한 정치 술수를 가차 없이 펼치는 냉혹한 군주의 논리라는 이른바 '마키아벨리즘'이란 단어에 친숙한 이들은 마키아벨리가 시민적 덕성이나 법치를 강조한 공화주의와 무슨 관계가 있는지 의아할 것이다.

『군주론the Prince』과 『로마사 논고Discourses on Levy』는 마키아벨리

라는 동일 저자가 집필했다고 믿기에는 너무나 상반된 내용을 담고 있다. 『로마사 논고』는 로마의 역사가인 리비우스가 쓴 로마 역사서에 마키아벨리가 부분 주석을 달며 고대의 로마 공화정을 우호적으로 평가한 글이다. 『로마사 논고』는 『군주론』에 비해 일반적 인지도에서는 뒤지지만 마키아벨리를 공화주의자로 자리매김하도록 만드는 마키아벨리의 대표적 저술이다. 『로마사 논고』는 공화주의자들이 즐겨 인용하는 고전서이지만, 『군주론』과의 내용적 불일치 때문에 마키아벨리를 일관성 있게 해석하는 데 커다란 장애물이 되고 있다.[25]

마키아벨리는 공화정이 다수의 이해에 부응하는 정체이며 따라서 공공의 복리 증진에 효과적인 정체임을 강조한다. 그는 시민적 덕성이 살아 있는 부패하지 않은 공화국에서는 설령 사악한 인간이라도 악행에 가담할 수 없다며 공화정 예찬론을 펼친다. 반면, 공화정이 시민의 자유와 자치를 보장하는 대가로 의사 결정의 비효율성이라는 비용을 지불해야 한다는 사실을 지적한다.

마키아벨리는 공화정이 심의와 타협의 과정을 중시하며 사회 세력 간의 견제와 균형을 도모하는 의사 결정 구조를 선호한다고 주장한다. 하지만 이러한 공화정의 의사 결정 구조는 비생산적일 뿐만 아니라 원활한 정치를 방해하여 무력한 공화정으로의 추락을 초래할 수 있다고 우려한다. 그는 국가 위기 시 공화정이 신속한 결정의 어려움이나 국론 분열의 위험성 등을 보유하기 때문에 이를 대비하여 일인 집정관이 필요함을 주장하기도 한다.

　마키아벨리의 이러한 입장이 공화주의자로서의 진실성을 저해하고 있음은 의문의 여지가 없다. 그럼에도 그는 시민과 함께하는 공화정에 대한 자신의 선호를 포기하지 않는다. 아리스토텔레스가 민주정을 최소악의 정체로 수용했듯 마키아벨리 또한 유사한 논리 위에서 공화정을 선택한다. 그는 시민의 경박함을 비판하지만 곧바로 군주 중에는 더 최악인 이들이 존재한다고 기술한다. 시민이 원천적으로 군주나 귀족보다 탐욕스럽지 않다고 주장하며 공화정을 두둔한다. 또한 시민이 느리고 과감하지 못하지만, 이것이 도리어 신중함과 안정감을 제공한다고 말한다.

　공화정에 대한 열정적 지지에도 불구하고 다수의 정치에 대한 마키아벨리의 지속적 불안은 16세기를 살던 이의 본원적 한계일 수 있다. 마키아벨리는 당대에는 가장 반엘리티즘적인 사고를 한 인물로 평가받는다. 하지만, 일반 시민과 대중이 주도하는 정치가 신뢰를 확보하기 시작한 것은 19세기 말이 되어서다. 16세기 르네상스 사고관이나 당시 이탈리아 반도의 정치 현실을 감안할 때 마키아벨리가 다수 민중이 주도하는 공화정에 완전한 지지를 보내기 힘들었을 것임을 이해하기는 어렵지 않다.

민주공화정의
재고찰

　　　　　　우리 헌법 제1조 1항은 대한민국을 민주공화국으로 규정한다. 그런데 민주공화국의 정확한 의미를 확인하는 것은 쉬운 일이 아니다. 몽테스퀴에의 저작 이외에는 민주공화국을 규정하는 신뢰할 수 있는 역사적 문헌을 찾기 힘들다. 몽테스퀴에는 민주공화국의 개념을 정작 우리가 생각하는 것보다 훨씬 제한적으로 규정한다. 그래서 우리 헌법에 기재된 민주공화국을 몽테스퀴에의 개념과 연계시키는 것은 논란의 소지를 갖는다. 실제로 민주공화국을 표방하는 대다수 국가는 동독이나 베트남 같은 사회주의 국가들이다. 베트남조차 1970년 이후에는 민주공화국을 사회주의공화국으로 변경한다.

　　민주공화국의 이해를 돕는 마지막 방법은 민주정과 공화정의 혼합적 정체로 파악하는 것이다. 하지만 이 또한 논란의 여지는 지대하다. 민주정과 공화정의 두 용어가 장시간 역사적으로 혼용되어 왔고, 광의적 개념의 민주정의 경우 공화정의 모든 특성을 포괄하고 있어서 민주공화정은 불필요한 유사어의 반복이라는 지적을 면하기 힘들다. 민주정을 협의적 개념으로 사용할 경우 공화정이라는 용어는 역시나 민주공화정의 내용을 포괄한다.

　　민주공화정의 용어를 우리가 오랜 기간 사용해 왔고, 따라서 우리만의 편의대로 계속 사용해도 이것이 문제될 이유는 없다. 문제가 되는 것은 특정 용어의 사용이 아니라 그 용어가 의미하는 바가 정확히 무엇인지에 대한 우리 사회의 성찰이 결여되었다는 사실이다. 헌법의 첫 조항에 대한 설명을 제대로 할 수 없는 사회의 지적 통찰력에 대한 반성이 필요한 때이며, 아울러 법의 해석을 담당하는 우리 사법부의 진정한 역할에 대한 점검도 함께 이루어질 때다. 법리적 전문성을 강조하는 헌법재판소가 주력할 업무는 법리적 판단의 영역 밖에 있는 대통령 탄핵의 정치적 판단이 아니라 헌법 첫 조항의 명확한 해석부터 제시하는 것이다.

에필로그

　　마키아벨리는 군주의 지배에 길들여진 민중은 자유를 얻어도 이를 오래 유지하기 힘들다고 말한다. 오랜 독재에 길들여진 민중은 자유를 얻어도 그 진정한 가치를 인지하지 못한다. 이들은 도리어 과거 독재자에 대한 회고적 찬양에 앞선다. 독재정치의 폐해는 독재의 시기에 펼쳐진 정당화되지 않은 강압과 폭력으로 끝나지 않는다. 독재하에서의 삶은 민주주의가 요청하는 시민적 덕성의 성장 환경을 말살하고, 그래서 그 부정적 여파는 독재의 시기가 종료된 이후에도 장시간 머물며 민주주의의 발전을 저해한다.

　　제왕적 대통령은 우리 현대사의 암울했던 정치사의 유물이다. 긴 시간의 정치적 독재는 항상 다수의 지혜를 비웃고 독재자의 변덕스러운 리더십을 정당화하는 어리석은 사회 전통을 이끌어냈다. 그리고 그 전통은 아직도 완전히 폐기되지 않은 채 현 시대의 우리 정치에서 부정적 영향력을 파급한다.

아리스토텔레스는 인간 품성을 결정하는 변수는 이성과 습관이라고 말한다. 이성을 토대로 한 시민 지성은 지각된 행동의 토양이라 할 수 있는 습관을 필요로 한다. 올바른 품성이 습관화되지 않았을 때 지성은 흔들리고 방황한다.[26] 올바른 품성이 습관화되어 사회적으로 만개할 때 좋은 정치는 개화한다.

개인 덕성은 개인의 습관화된 올바른 품성이다. 시민적 덕성은 양심으로 정착한 시민 지성이다. 시민적 덕성이 부재한 곳에서 민주적 정의는 구현되기 어렵고, 민주적 정의가 상실된 곳에서 시민적 덕성은 개화하기 어렵다. 정치공동체는 시민적 덕성의 활성화를 위해 시민 지성의 제고와 양심으로 무장한 습관화라는 양대 과제의 수행을 주문받는다. 민주주의의 진정한 강점은 스스로 자각하고 행동하는 시민의 육성에 우호적인 정치 사회 환경을 부여한다는 점이다.

사회주의 국가의 궁극적 실패는 자율적 사회주의 인간 육성의 실패이다. 레닌 이후 대다수 사회주의자는 인민의 자생적 추동력에 대해 회의적 시각을 보유해 왔다. 자생적 추동력이 부재한 인민은 외부의 리더십에 의존해야 하며, 레닌의 해법은 인민의 전위대로서 지식인의 역할이었다.

인민을 이끄는 소수 엘리트의 역할은 사회주의 국가의 당 중심 체제로 정착해 왔다. 당이 일원적으로 주도하는 사회주의 국가 안에서 시민사회의 성장은 철저히 제한된다. 가족, 학교, 이익단체, 사회단체 등 자율적 사회조직이 성장하지 못하는 환경에서 인민은 국가라는 조직 체계에 과도히 귀속된다.

국가 이외에 의존할 곳이 없는 사회주의 사회는 개인의 원자화와 파편화를 초래한다. 외형상으로는 사회화되었지만 내면적으로 상호 분절된 구성원의 존재는 사회주의 국가의 특성을 구성한다. 상호 분절된 구성원 사이에서 사회적 연대감의 성장을 기대하기는 힘들다. 공공선과 집단적 가치를 강조하는 사회주의가 도리어 취약한 사회적 연대성의 고리를 노정하는 것은 아이러니이다. 파편화되고 고립화된 구성원은 사회주의 국가의 손쉬운 통제 대상으로 전락한다.

만약 국가사회주의가 국가 없는 공산주의로의 이행을 위한 과도기적 체제라면 국가사회주의 속에서 길러진 개인의 품성은 국가 없는 공산주의 사회가 요구하는 개인 품성을 지원하는 데 역부족이다. 자율적 삶의 경험에 취약한 국가사회주의의 구성원이 국가 없는 공산주의의 자율적 구성원의 역할을 갑자기 수행할 수는 없기 때문이다. 이는 국가사회주의가 국가가 소멸된 이후의 공산주의 사회를 준비하는 적절한 과도기적 체제가 될 수 없음을 의미한다.

우리 현대사를 점철한 장시간의 독재 역시 우리 사회가 필요한 민주주의의 시민적 덕성 제고에 역행적이었다. 1990년대 이래 우리 사회

의 시민적 지성과 양심은 꾸준히 성장해 왔지만, 민주주의 성숙을 위해
서는 아직도 이들의 지속적인 확장이 필요하다.

일류 국민에게서 삼류 정치인은 만들어지지 않는다. 우리 정치가
여전히 삼류로 남아 있다면, 그 삼류 정치인을 만들어낸 삼류 국민이
존재하기 때문이다. 일류 국민은 정치를 희화화하며 정치인만을 냉소
적으로 비웃지 않는다. 비민주적 정치와 저질 정치인에 대한 책임은 국
민도 회피할 수 없기 때문이다.

기능적 문맹과
시민 지성

기능적 문맹functional illiteracy이란 우리가 일상적
삶을 유지하는 데 필요한 기본적 어문 및 수리 이해력의 결여를 의미한
다. 기능적 문맹의 판단 수준을 어디에 맞추는 것이 적절할지는 논란
을 초래한다. 각 사회의 구조적 속성 및 발전 양태 등에 따라 기능적 문
맹의 기준은 달라질 수 있다. 원시적 농업사회가 필요로 하는 문해력
literacy과 첨단 산업사회나 성숙한 민주사회가 요구하는 문해력은 큰 차
이를 갖는다. 저발전 사회의 문해력 기준이 고도로 발전된 사회가 요구
하는 문해력 기준보다 낮을 것임은 의문의 여지가 없다.

문해력은 단순히 개인이 체득한 어휘의 많고 적음의 문제가 아니다. 이는 개인의 인식과 공감 능력의 지표라 할 수 있다. 우리는 타인과 대화를 진행할 때 표면적 의미 안의 심층적 의미까지 파악하는 것은 아니더라도 전달받는 문맥에 대한 통합적 파악을 시도하며 상대를 정확히 이해하려는 의식적 노력을 요구받는다. 하지만 대다수의 일상적인 삶에서 대화의 교환은 표면적 의미의 교환 이상을 필요로 하지 않기 때문에 우리 사회가 지닌 문해력 수준의 문제점을 자각하기 힘들다.

문해력 수준의 문제점은 다소 복잡한 정치적, 사회적 이슈들과 같이 대화의 통합적 파악을 필요로 할 때 나타난다. 사회가 필요로 하는 통합적 파악 능력을 개인이 보유하지 못했을 경우 해당 개인은 새로운 외부 정보를 올바르게 소화하지 못하고 왜곡된 의미를 종종 전달받는다. 새로운 정보의 공급을 저해하는 낮은 문해력은 시민 지성의 확장에 심각한 사회적 장애 변수로 작용한다. 자신이 기존에 생각하던 것만을 믿고 자신이 믿기를 원하는 것만을 선별적으로 전달받는다면 이는 개인적 차원에서 기능적 문맹에 해당하고 민주주의 사회의 구성원으로서는 소통의 단절을 겪게 된다.

개인이 특정의 정치적 신념을 강하게 보유할 경우 기능적 문맹의 문제점은 한층 확대된다. SNS를 가득 채운 비전문적 지식과 허위 정보의 범람은 기능적 문맹인 사회 구성원의 편견과 아집을 더욱 강화시키는 데 일조한다. 통합적 파악 기능을 미비한 사회 구성원들이 자신의 기존 생각을 강화하는 왜곡된 방식으로 외부 정보를 선별하여 수용하기 때문이다. 시민 지성의 첫 번째 조건은 높은 문해력이다. 문해력 미비는 비전문적 지식과 허위 정보에 대한 효과적 면역력을 상실시키기 때문이다.

2023년에 발표된 OECD의 국가별 성인 문해력 조사(PIAAC)에 따르면 우리나라 성인의 문해력은 OECD 평균값을 많이 밑도는 것으로 나타났다. 500점 만점의 문제 해결 능력 분야에서 한국인의 점수는 237.6점으로 OECD 평균보다 13점이나 낮은 점수를 기록하였다. 10년 전 조사 결과에 비해서도 큰 폭의 하락을 기록함으로써 문해력의 문제가 시간에 역행하여 도리어 악화되고 있음을 보여주었다.[27]

세종대왕이 창제한 손쉬운 한글 덕택에 글을 단순히 읽는 비율은 99%에 달하지만, 정작 많은 수의 한국인이 글을 읽고 난 후 그 내용을 정확히 이해하지 못한다는 아픈 진실을 문해력 조사는 밝혀주었다. 2021년 교육부 조사에 의하면 우리나라의 기능적 문맹률은 나이가 높아질수록 급격히 상승해서 60대는 36%, 70대는 59%, 그리고 80대 이상은 78%를 기록하였다. 55세 이상의 고연령층의 문해력은 OECD 국가 중 최하위권에 머무는 것으로 조사되었다.

2020년 국가평생교육진흥원이 발표한 「성인문해능력조사」 보고서 자료에 따르면, 우리나라 성인 중 중학 학력 이상의 문해력 수준을 갖춘 수준4 이상은 79.8%에 이른다.[28] 이 보고서는 수준4 이상의 응답자를 일상생활에 필요한 충분한 문해력을 갖춘 수준으로 규정하고 있다. 하지만 질문 항목을 세심히 살펴보면 문해력 테스트가 적정 수준에서 이루어졌는지 의구심을 자아낸다. 특히 정치적 지식이나 판단에 필요한 문해력의 경우 일상적 생활에 필요한 문해력과는 상당한 차이를 나타내기 때문이다. 물론 이 자료에 근거하더라도 중학생 이하 수준의 문해력을 가진 성인은 약 20%에 이르며, 고연령층의 경우 50%를 넘어선다.

낮은 문해력은 사회 내 소통의 문제와 직결되는 만큼 사회 갈등의 주요 원인이자 갈등 해결을 저해하는 요인을 구성한다. 대화가 서로 통하지 않는 사회에서 갈등 해결을 기대하는 것은 불가능하다. 다원주의 사회는 상이한 의견의 병존을 수용하고자 노력한다.

문제는 다원주의 사회라도 틀린 의견을 다른 의견이라고 주장할 수는 없다는 점이다. 틀린 의견을 걸러내는 다원주의 사회의 정제 기능은 다시금 시민 지성의 수준에 의존한다. 심의민주주의의 지지자들은 사회적 소통의 역할을 중요시한다. 사회 구성원 사이의 합리적 소통 과정을 통해 틀린 의견이 확인되고 퇴출될 수 있기 때문이다.

하지만 일부 구성원의 낮은 문해력은 합리적 소통 과정을 위축시킨다. 고연령층의 낮은 문해력은 특히나 우리 사회 민주주의의 성숙을 가로막는 위협 요인이다. 낮은 문해력은 이들이 새로운 사고와 가치의 수용을 거부하고 스스로 보수화를 가속화하는 사회적 결과로 이어지기 때문이다.

스탠퍼드 감옥 실험

1971년 스탠퍼드대학교 심리학과 교수인 필립 짐바도Philip Zimbardo는 인간 사고 및 행위에 대한 환경변수의 영향력을 연구하기 위해 감옥생활 실험Stanford Prison Experiment을 진행하였다.[29] 실험은 2주간 계획되었고 스탠퍼드대학교에 재직 중인 평범한 학생들이 자발적으로 참여하였다.

70명의 응모자 중 정신적, 육체적으로 건강하다고 믿어지는 24명의 학생이 최종 선발되었다. 감옥 실험은 심리학과 건물 지하에서 진행되었고, 참가자에게는 하루 15달러를 지불하기로 하였다. 이들 참가자는 동전 던지기를 통해 두 개 그룹으로 나누어졌고, 하나의 그룹에게는 감옥 간수의 역할이, 그리고 나머지 그룹에게는 죄수의 역할이 할당되었다. 심리학과 건물 지하실 방들은 개조되어 감옥처럼 만들어졌다.

실험팀은 시 경찰의 도움을 받아 죄수 역할을 담당한 학생들을 사전 통보 없이 경찰이 불시에 체포하도록 하였다. 경찰에게 체포된 학생들은 경찰차에 태워져 지하 감옥으로 이송되었다. 불시체포는 체포 시점부터 감옥생활의 현장감을 더하기 위한 조치였다.

감옥에 도착한 이후 모든 과정은 일반 수감자들이 경험하는 것과 최대한 유사한 방식으로 진행되었다. 일반 죄수들이 느끼는 심리적 압박감과 수모를 학생들이 경험하도록 하기 위해 이들에게도 몸수색에 이어 옷을 벗기고 몸을 강제로 세척하고 소독하는 과정이 시행되었다. 그리고 학생 죄수들에게 수인 번호가 붙은 죄수복을 입히고, 오른 발목에 쇠고랑을 채웠다. 반면 학생 간수들은 카키색의 유니폼을 입고 선글라스를 착용하도록 요구받았다.

실험은 먼저 9명의 간수와 9명의 죄수로 시작하였고, 나머지 각 3명의 간수와 죄수는 대기시켰다. 간수들은 3교대로 하루 8시간씩 근무하였다. 실제 감옥 상황이 아니었던 만큼 처음에 죄수들은 간수의 명령에 순응하려 들지 않았다. 불복종하는 죄수들과 이를 통제하려는 간수들 사이에는 대립이 야기되었다. 애초에 설정된 실험 규칙에 따라 간수들은 죄수를 통제하기 위한 육체적 벌칙으로 푸시업을 실행시켰다.

첫날은 간수와 죄수 사이에 큰 마찰 없이 지나갔다. 하지만, 다음날 아침 죄수들의 지시 거부와 함께 소규모 반란이 발생하였다. 추가로 배치된 간수들로 인해 간수들의 수적 우위가 이루어지면서 일부 죄수들의 반발 행위는 진압되었고, 이들 중 주범자들은 옷이 벗겨진 채 독방에 감금되었다. 반면 비동조자들에게는 다소 안락한 방과 음식이 제공되었다.

죄수들 그룹에는 서서히 자체적 갈등이 발생하기 시작하였다. 간수들은 죄수들을 어떻게 효율적으로 통제할지의 방법을 간파하기 시작하였고, 죄수들 사이의 분열을 조장할 전략을 사용하였다. 간수들은 다음 날부터 이유 없이 죄수들을 갈라서 일부에게는 좋은 방을, 다른 이들에게는 불편한 방을 배당하였다.

동료 죄수들은 간수에게 협조적인 이들이 좋은 방을 배당받았다고 생각하기 시작하였고, 이에 따라 죄수들 사이에는 상호 불신이 고조되었다. 죄수들과 간수들의 적대감 또한 급속히 커져갔다. 적대감에 비례하여 죄수들에 대한 간수들의 처벌 수위도 점차 높아졌다. 죄수들은 상호 불신 속에서 엄청난 스트레스와 좌절감을 느끼기 시작하였다.

5일째가 되던 날 심리적으로 불안정해진 3명의 죄수가 집으로 돌려보내졌다. 감옥 실험에서 나가기 위해 단식하는 죄수까지 나타났다. 간수들의 행태도 세 가지로 나뉘었다. 첫 번째는 단호하지만 공평함을 가지고 감옥 규칙을 적용하는 간수였다. 두 번째는 죄수에 대해 우호적이지는 않지만 처벌하는 것을 절제하는 간수였다. 세 번째는 매우 적대적인 태도로 죄수를 자의적인 방식으로 통제하고 괴롭히는 간수였다. 하지만 간수들 모두 자신이 가진 권력을 철저히 즐기는 공통점을 보였다.

죄수와 간수 양자가 애초 실험을 시작할 때 전혀 예상하지 못한 행동을 하기 시작하면서 감옥 실험은 위기를 맞았다. 죄수들은 극심한 스트레스와 우울증으로 고통받았고, 간수들은 가학적 인격의 주체로 변하고 있었다. 실제 감옥이 아닌 유사 환경에서, 그것도 명문 스탠퍼드 대학교의 일반 학생들이 자발적으로 참여한 실험이었음에도 불구하고, 그토록 쉽게 인간의 성격과 행위 양태가 변할 수 있다는 사실은 놀라움의 연속이었다.

본인이 단호히 요구한다면 죄수 실험을 언제든지 멈출 수 있었지만, 죄수 학생들은 실험 중단을 요구할 목소리마저 제대로 내지 못한 채 스트레스와 우울증에 고통스러워했다. 실험 대상자들에게 부과된 심리적 충격이 심각한 수준에 이르렀다는 판단이 이뤄지면서 실험은 결국 원래 예정되었던 2주를 채우지 못하고 6일 만에 중단되고 말았다.

스탠퍼드 감옥 실험은 극단적 권력 불균형 환경에서 인간의 태도와 행위 규범이 속절없이 변질되는 사례를 보여주었다. 간수 역할을 담당한 이들은 손쉽게 가학적이고 폭력적인 주체로 변하였고, 반면 죄수 역할을 맡은 이들은 무력하게 복종적인 희생자로 전락하였다. 이 실험은 권력의 남용과 학대로 인한 극한 긴장과 스트레스가 극도로 짧은 시간에 유사 감옥의 실험 공간에서도 펼쳐질 수 있음을 보여주었다. 이는 우리가 살고 있는 현실사회에서 마주치는 견제되지 않은 권력의 위험성에 대한 경종을 울리는 실험이었다.

많은 사회가 질서 유지라는 명목하에 폭력적이고 강압적 권력을 서슴없이 동원하고 이를 정당화한다. 권력 행사에 대한 도덕적 비판 근거를 배제한 후 권력 남용은 확대된다. 우리는 국가 권력 기관에 소속된 이들이 공공 이익이라는 명목하에 추호의 부끄러움이나 책임감 없이 강압적 권력을 사용하며, 또한 이를 해당 기관의 정당한 기능으로 관행화하면서 비민주적 권력 행사를 일상화하는 경우를 목격한다. 민주주의를 지키는 권력 기관이 가장 비민주적인 문화와 관행을 정착시키는 경우 또한 드물지 않게 발견한다.

우리는 이러한 권력 기관에서 오랜 근무한 이일수록 비민주적 사고로 의식화되는 것에 충격을 받는다. 특정 권력 기관 출신의 사고와 행태를 보면서 이들이 소속했던 조직의 비민주성을 추정하게 된다. 이들 기관의 목적은 분명 민주주의 수호지만 이들 기관에 소속된 이들의 의식 수준은 민주주의의 커다란 적이다. 소속원들에게 민주주의의 가치를 재확립시키는 이들 조직의 총체적 개혁은 우리 사회의 최우선적 과제가 아닐 수 없다.

우리 사회에 잔존하는 폭력 문화 또한 성찰과 쇄신을 필요로 한다. 계엄이 수반하는 사회적 폭력성에 대한 한 치의 자각이나 책임감도 없는 지도자의 경박함은 우리 모두를 놀라게 한다. 그리고 이러한 행위를 방관하고 동조하는 정치권이나 일부 국민의 폭력에 대한 무감각 또한 우리 민주주의의 취약성에 대한 우려를 재확인시킨다.

제왕적 대통령의
종말

영국의 수상 윈스턴 처칠Winston Churchill은 1948년 영국 하원에서 "역사로부터 배우지 못하는 이들은 과거의 과오를 되풀이할 운명에 처한다"고 연설했다. 단지 기억하는 것만으로 역사의 반복을 막을 수는 없다. 역사로부터 배우기 위해서는 역사가 왜 그처럼 펼쳐졌는지에 대한 명확하고도 냉철한 이해가 필요하다. 우리 정치에서 대통령 탄핵소추가 반복되는 것은 우리가 역사로부터 소중한 교훈을 배우지 못하기 때문이다. 교훈을 얻고 배우지 못하면 탄핵의 역사는 계속 반복될 뿐이다.

대통령 탄핵이라는 막대한 국가 사회적 충격과 비용은 지각 있는 국민을 좌절시킨다. 그리고 반복되는 국민의 실망감과 좌절은 민주주의의 틀을 약화시킨다. 탄핵을 둘러싼 국민 사이의 갈등은 사회적 혼란을 부추기며 사회적 연대의 고리를 이완시킨다. 그리고 시민적 양심을 저버린 이들이 국민 사이 갈등의 틈을 비집고 들어와서 자신들의 목소리를 키우는 결과를 초래한다.

반복되는 탄핵의 역사는 중단되어야 한다. 그러기 위해서는 우선 대통령이 되고자 하는 이들부터 민주주의가 어떻게 작동하는지, 그리고 대통령제가 무엇을 염두에 두고 고안된 제도인지, 여소야대 상황에서 대통령의 역할이 무엇인지 등에 대한 정확한 인식이 필요하다.

대통령 탄핵소추가 반복되는 궁극적 이유는 대통령 자신이 제왕적 대통령으로 선출되었다는 착각 때문이다. 대통령제의 원칙으로나 우리 헌법으로나 제왕적 대통령은 더 이상 허용되지 않는다. 대통령제의 권력 구조와 작동 원리를 제대로 이해하지 못하는 일반 국민이야 그렇다고 치자. 대통령을 포함한 정치권이 대통령제의 구조와 작동 원리도 이해하지 못한다는 사실은 우리 민주주의의 슬픈 현주소이다.

우파 야당과 좌파 야당의 상대만 바뀌었을 뿐 대통령 탄핵소추의 본질적 요인은 하나도 바뀐 것이 없다. 20년의 시간이 흘러 우리 민주주의는 더욱 공고화된 것으로 생각하고 있었지만, 도리어 계엄이라는 사건까지 야기되며 그 민낯이 적나라하게 공개되었다.

제왕적 대통령의 대두를 막기 위한 방안은 무엇일까? 일부 정치권이나 학계에서 언급하는 4년 중임제가 개선 방안이 될 수 있을까? 아니면 의원내각제로의 전환이 현명한 대안이 될 것인가? 우리는 2장에서 이와 같은 제도적 조정이 설득력을 지니기도 힘들거니와 현실성이 떨어진다는 점을 지적한 바 있다.

제왕적 대통령이 지속적으로 문제가 된다면 당선을 두 번씩 허용해서 임기를 8년으로 늘리는 것은 해법이 아니다. 이는 도리어 제왕적 대통령의 생성을 부추길 뿐이다. 의원내각제로의 전환은 수많은 선제 조건의 충족을 필요로 한다. 과연 우리 정치권과 사회가 이러한 조건을 얼마나 충실하게 만족할 수 있을지의 여부가 의원내각제로의 전환 시 성공 여부를 결정할 것이다. 이에 대한 판단은 여러분의 몫으로 남긴다.

시대가 바뀌고 사회가 바뀌면서 헌법은 수정을 요구받는다. 신성 불가침의 법이란 존재하지 않는다. 정치는 법을 꾸준히 수정하고 새로 만들어가는 과정이다. 이 과정이 얼마나 충실하게 민의를 반영하고 민주적 절차로 진행되는지가 바로 좋은 정치와 나쁜 정치를 구분 짓는 기준점이다. 민주주의 제도 또한 마찬가지다. 가장 효율적으로 민의를 반영하고 그 절차를 민주적으로 진행할 수 있는지의 여부가 좋은 제도와 나쁜 제도를 판가름한다.

우리는 3장에서 대통령의 탄핵소추 이슈를 중심으로 사법부 권한에 대한 논의를 펼쳤다. 현재 헌법재판소에 부과된 대통령 탄핵 심판 판결권은 여러 논란을 야기한다. 국민을 대표하는 의회의 재적의원 3분의 2라는 압도적 다수의 동의로 제출된 대통령의 탄핵소추를 위임된 권력인 헌법재판소가 다시 원점에서 탄핵 여부를 판단한다는 것은 민주주의의 원칙에 부합하지 않는다.

헌법재판관의 임명 절차부터 탄핵 당사자인 대통령과는 독립된 방식으로 바뀌어야 한다. 대통령 탄핵 심판과 관련하여 헌법재판소가 지닌 "법리적" 판단 영역이 지극히 제한적일 수밖에 없음도 향후 제도 개편 시 고려되어야 한다. 설령 헌법재판소 기능을 존속시킨다 할지라도 이미 국회의 3분의 2가 동의한 탄핵 사안에 대해 헌법재판소가 6인 이상의 재판관 동의를 필요로 한다는 규정은 문제의 소지를 갖는다.

우리나라 정체를 규정하는, 아마도 우리 헌법의 가장 중요한 구절일 수도 있는 제1조 1항이 의미하는 바에 대해 어느 누구도 정확히 답할 수 없는 현재 상황이 우리 민주주의의 현주소를 반영한다. 향후 우리 민주주의의 공고화를 위해서도 이 조항에 대한 더 명확한 설명이 주어져야 한다. 민주주의를 끊임없이 외치지만 정작 현실에서는 빈번히 무너지는 우리 민주주의의 현실에 대한 성찰은 민주주의 개념 자체의 정확한 이해를 지니는 시민 지성에서부터 출발한다.

무지의 정치,
배반의 정치

　　　　　　　한 정치인이 죽은 후 옥황상제 앞에 불려 나갔다. 자비로운 옥황상제는 정치인에게 천당과 지옥을 모두 경험해 본 후 한 곳을 택할 수 있는 기회를 주었다. 정치인은 먼저 천당을 경험해 보기로 결정하였다. 천당은 생각만큼 특별하지 않았다. 천당은 사람들이 서로 갈등 없이 평온한 삶을 유지하는 평화로운 곳이었지만 의외로 삶이 무미건조하게 느껴지는 곳이었다.

　정치인은 뒤이어 지옥을 방문하였다. 이곳은 천당보다 혼잡스럽고 갈등이 상존하는 장소였다. 하지만 더 나은 세상을 약속하는 수많은 변화의 외침이 가득한 동적인 곳으로 미래에 대한 전망은 천당보다 훨씬 밝아 보였다.

　옥황상제를 다시 마주한 정치인은 지옥을 선택하였다. 옥황상제는 이 결정이 번복될 수 없음을 강조했지만, 정치인은 자신의 결정을 고수했다. 지옥으로 다시 보내진 정치인은 그곳이 이전에 자신이 본 모습과는 너무 달라서 놀랐다. 더 나은 세상을 약속하는 이들의 기치는 그저 허황된 거짓말로 사익을 철저히 감춘 위선일 뿐이었다. 미래에 대한 장밋빛 전망은 공허한 눈속임이자 실현 가능성과는 거리가 먼 것이었다.

정치인은 지옥의 간수에게 자신이 이전에 방문한 지옥과 현재 지옥의 모습이 왜 이리 다른지를 물었다. 간수는 이에 답하였다. "전혀 달라진 것이 없소. 단지 이전에는 당신이 정치인의 신분으로 방문했던 것이고, 이제는 유권자의 신분으로 살아야 하는 것뿐이오."

상기 유머조차도 정치인은 당연히 국민을 배반한다는 전제를 바탕으로 한다. 사익에만 몰두하는 교활한 정치인과 매번 속임을 반복하여 당하는 어리석은 유권자. 유권자의 어리석음은 단순히 순진무구함의 결과일까? 아니면 유권자 자신이 어리석음을 스스로 선택한 것일까?

우리가 정치의 모든 문제점에 대해 정치인만을 손가락으로 가리키며 정치를 희화화하고 유권자의 무고함을 주장하는 것은 편의적인 자기 세뇌가 아니던가? 문제 많은 정치인에게 계속 표를 던지는 이들은 과연 누구인가? 우리 정치의 비민주성을 지속적으로 탓하면서 유권자 자신이 민주주의에 무지하고 또한 계속 배반하는 사고와 행동을 지속하고 있는 것이 아닐까?

법과 제도는 민주주의를 지탱하는 두 개의 중요한 기둥이다. 하지만 법과 제도의 다산으로 반드시 좋은 민주주의가 귀결되지는 않는다. 선거자금법을 강화하면 검찰과 선거관리위원회라는 국민 대표성이 없는 조직의 권한만 확대하는 결과를 초래할 수 있다. 깨끗한 정치를 구현하기 위해 제시된 법과 제도가 도리어 국민에게 책임지지 않은 권력의 부상과 이로 인한 위축된 정치의 영역을 조성할 수 있음을 우리는 간과해서는 안 된다. 법과 제도의 중대한 역할에도 불구하고, 민주주의의 궁극적 버팀목이자 주춧돌은 시민의 지성과 양심이다. 시민 지성이 부족하면 무지의 정치가 산출된다. 그리고 시민 양심이 상실되면 민주주의는 배반의 정치에 직면한다.

주

1 하버마스의 '소통'과 이를 위한 '이상적 대화 상황(ideal speech situation)'의 개념 은 Jürgen Habermas, *The Theory of Communicative Action, Volume 1: Reason and the Rationalization of Society*, trans. by T. McCarthy (Beacon Press, 1985) 참조.

2 George Santayana, *Life of Reason* (Prometheus, 1998), Vol. 1.

3 John Locke, *Second Treatise of Government* , ed. by C. B. Macpherson (Hackett Publishing Company, 1980), 2nd Treatise, §142.

4 Charles de Secondat, Baron de Montesquieu, *The Spirit of Laws*, trans. by Thomas Nugent, revised ed. (Colonial Press, 1899), Bk 11, S.6, p. 151ff.

5 Alexander Hamilton, John Jay & James Madison, *The Federalist Papers* (USA Classics, 2024), Pt. IV, Ch. 15.

6 Maurice Duverger, *Political Parties: Their Organization and Activity in the Modern State*, 2nd ed. (Routledge Kegan & Paul, 1964).

7 Arend Lijphart, *Patterns of Democracy: Government Forms and Performance in Thirty - Six Countries* (Yale University Press, 1999).

8   David Easton, *A Systems Analysis of Political Life* (John Wiley & Sons, 1965).

9   Alexander Hamilton, John Jay & James Madison, *The Federalist Papers*, Pt. IV, Ch. 7.

10 Robert A. Dahl, *How Democratic Is the American Constitution?* 2nd ed. (Yale University Press, 2003), p. 80.

11 한편, 선거 방식을 채택하지 않은 나머지 주들은 주지사나 주상원 등이 임명하는 방식을 취한다. 캘리포니아주와 뉴욕주의 경우 주지사가 주대법원 판사를 임명한다.

12 Francis Fukuyama, *The End of History and the Last Man* (Free Press, 1992).

13 Daniel Bell, *The End of Ideology: On the Exhaustion of Political Ideas in the Fifties* (Free Press, 1960).

14 Samuel P. Huntington, *The Clash of Civilizations and the Remaking of World Order* (Simon & Schuster, 1996).

15 마르크스의 사상은 Karl Marx, *Complete Works of Karl Marx: Includes The Communist Manifesto, Grundrisse, The Poverty of Philosophy, and More* (Grapevine, 2023)와 *Capital: Critique of Political Economy, Volume 1*, trans. by Paul Reitter & ed. by Paul North (Princeton University Press, 2024) 참조.

16 레닌의 제국주의론은 Vladimir Ilich Lenin, *Imperialism, the Highest Stage of Capitalism* (Martino Fine Books, 2011) 참조.

17 Alexander Hamilton, John Jay & James Madison, *The Federalist Papers*, Pt. I, Ch. 10.

18 Ibid., Pt. IV, Ch. 3.

19 Aristotle, *The Politics of Aristotle*, ed. & trans. by E. Barker (Oxford University Press, 1958).

20 Plato, *The Republic of Plato*, trans. by Francis MacDonald Cornford (Oxford University Press, 1966).

21 Jean - Jacques Rousseau, *On the Social Contract*, 2nd ed., trans. by D. A. Cress (Hackett Publishing Company, 2019), Bk. III, Ch. XV.

22 Aristotle, *The Politics of Aristotle*, 1289b.

23 아리스토텔레스의 상세 입장은 장의관, "좋은 사람과 좋은 시민의 긴장: 아리스토텔레스 정치공동체의 가능성과 한계."『한국정치학회보』45, 2 (2011) 참조.

24 마키아벨리의 두 대표 저서는 Niccolo Machiavelli, *The Prince*, trans. by H. C. Mansfield (University of Chicago Press, 1985)와 Niccolo Machiavelli, *Discourses on Livy*, trans. by H. C. Mansfield & N. Tarcov. (University of Chicago Press, 1998).

25 이에 대한 상세 논의는 장의관, "시민 덕성, 정체 그리고 마키아벨리."『정치사상연구』20, 1 (2014).

26 Aristotle, *The Nicomachean Ethics*, trans. by D. Ross & rev. by J. L. Ackrill and J. O. Urmson (Oxford University Press, 1980), 1179b25. 또한 Aristotle, *The Politics of Aristotle*, 1332b 참조.

27 OECD, "Survey of Adult Skills 2023 (PIAAC)"(2025. 4. 10), https://gpseducation.oecd.org/IndicatorExplorer?plotter=h5&query=51.

28   국가평생교육진흥원, 『성인문해능력조사』 (2020. 10).

29   상세 내용은 Standford prison experiment 공식 홈페이지 (https://www.prisonexp. org/) 참조.